U0840255

尧天舜地溪之源

霍万清◎编著

每一个历史遗址与历史地名
都有着它们相对独立的历史故事

人民日报出版社

图书在版编目（CIP）数据

尧天舜地溪之源／霍万清编著．—北京：
人民日报出版社，2015.1
ISBN 978-7-5115-2999-2

Ⅰ.①尧… Ⅱ.①霍… Ⅲ.①文化史—张家口市
Ⅳ.①K292.23

中国版本图书馆 CIP 数据核字（2015）第 011798 号

书　　名：尧天舜地溪之源
编　　著：霍万清

出 版 人：董　伟
责任编辑：曹　腾　葛　倩
封面设计：中联学林

出版发行：人民日报出版社
社　　址：北京金台西路 2 号
邮政编码：100733
发行热线：（010）65369527　65369846　65369509　65369510
邮购热线：（010）65369530　65363527
编辑热线：（010）65369523　65363486
网　　址：www.peopledailypress.com
经　　销：新华书店
印　　刷：北京天正元印务有限公司

开　　本：710mm×1000mm　1/16
字　　数：157 千字
印　　张：13.5
印　　次：2015 年 7 月第 1 版　　2015 年 7 月第 1 次印刷

书　　号：ISBN 978-7-5115-2999-2
定　　价：39.00 元

如画山水传尧舜（代序）

在河北省涿鹿县西南的笔架山下，距县城14公里处，有一个古老而又美丽的山村，叫溪源。它是武家沟镇的一个行政村，笔架山是它的背后依靠，其面对的，则是虞舜曾经耕耘过的历山480多亩农田，当地人呼之为“四顷地”，在四顷地下面的山坡上有个四顷梁村，是溪源的一个自然村。

从县城出发向西，溯着桑干河北岸公路向笔架山行进，穿过山峡中架有大秦铁路的天桥洞，就能看见龙门山峡西侧明朝初年所建的魁星楼和观音庙了，这便是溪源村的中心。溪源村的北面，便是依轩辕黄帝之“黄”、其子青阳之“阳”而命称的黄阳山，山下就是“五帝时期”虞舜牧牛的地方。站在魁星楼下，可以看到岚气缭绕中的龙门山峡，山峡内龙潭沟是一片碧水和叠翠岩，山峡外是古老的龙王庙，以及隐藏着千古难解之谜的蜘蛛寺遗址。在重山、复水、树丛、芦荡、道路、田野之间，桑干河水从36号隧洞经过蜘蛛寺、穿过渡槽连接外龙门之后，就从虎头山流向桑干河南岸的万顷良田之中。作为溪源村千年万代看守门户的“上护路”、“下护路”两个村子，与溪源村南面的护路湾村，则正好围绕着溪源村东古老的历山，形成了一个大三角形的保护区。在这个三角区域内的大小山头上，则是彼此相望的烽火台……

离开喧嚣的城市，来到这秀美的山村，慢慢地品读它，就会感受到一份历史的厚重、家国兴衰的责任，当然也会欣赏这个山青水绿、风光秀丽的“桃源”美景。

山水如画的“桃源”美景

溪源村因溪水之源而得名。那是在四顷梁村村口的谷底处，有60多个泉眼，泉水从细沙里、草丛中、石头缝隙里湫湫渗出。最大的一个水眼叫五福泉，其名因出于五福山下而得称。它就像从一个微合的手掌心中流出，滋润着周边万物。清版《保安州志》记：“五福泉在州西南三十里，坐五福山、四顷梁两山下，即其流为龙门瀑布者。”清澈的泉水流到沟谷的宽阔处存留起来，形成一个大水潭。1958年前，“龙门叠翠”是这方土地上的著名美景，这里还有三个神秘的“龙洞”，招惹着一代又一代人们的遐想。当年，泉水从龙洞溢出沿岩壁上的三个天然岩阶飞泻而下，形成瀑布。水流连续三叠形成三层水帘。龙门之下又是一个百米大的石滹，飞瀑跌入石滹之中，然后溢出山外。瀑布飞空，龙门三叠，蔚为壮丽的奇观。传说，北魏皇帝拓跋珪第一次率领文武大臣从大同到历山来祭舜帝，行到历山西三里处，发现泉水透明，水草丰美。抬头望去发现有一丈多高的三个台阶，泉水垂直而下，形成波浪。就高兴地说：“好一个龙门叠翠！”从此，“龙门三叠清泉翠”就代代相传，并被列为涿鹿古八大奇景之首。

800多年前，溪源村的先民们为了风调雨顺，五谷丰登，在村东北九龙壁巨大的岩石上修建了龙王庙。清康熙六年（1667年）有黑龙殿；清嘉庆二十一年（1816年），风雨损坏龙王庙，有霍姓人家牵头集资进行了修缮和扩建，在新建黑龙殿的同时，对五龙殿进行了重修；清道光年间，又由霍姓家族发起修建了财神殿，形成现在的规模。2004年，村民霍仲永倡议，先期由刘有、霍仲堂、马明山等个人垫资，发起重修。倡议既出，村民纷纷响应，共捐资人民币15588元，义务出工1600余人次。重修殿宇，再塑神像，历时四月有余，工程于2004年8月24日告竣。五龙殿内五龙佛像神态各异，栩栩如生。画梁雕栋，斗拱飞檐，彩绘绚烂，气势非凡。这龙王庙经过一代又一代后人的维修，现在保存完好。院内四棵柏树参天而立，遮满整个庙院。庙院门下是古戏台，每年，这里都好戏连台。十里八乡的村民前来拜神看戏，祈求风调雨顺、国泰民安。2011年12月，溪源龙王庙被张家口市政府评定为市级文物保护单位。

明朝后期，溪源村来了从山西移民的霍、支等六对夫妇。由勤劳而家业兴旺，便请来地理先生，谋划搞个建筑，以壮村容。地理先生说："村西有个笔架山，应该给村东建个魁星阁，请魁星来点状元。这样，就会使后代奋发读书，出现为国效力的人才。"于是，霍家牵头，六大家族纷纷筹款，请来工匠在村东南建两层魁星楼。魁星楼六个角，四个窗，门朝东："两层"表示学者要更上一层楼；"六角"表示六个姓氏；"四个窗"表示四季平安；"门朝东"，表示村里每天都迎着东升的旭日，望着舜帝耕耘过的历山，后代子孙即使不成为国家栋梁之材，至少也是像虞舜那样的孝子。清咸丰七年（1857年），修建泰山圣母殿时重修了魁星楼，民国年间再次重修。2009年8月至2010年8月，又一次重修，使魁星楼始终屹立在龙门山巅。魁星楼经几代人的维修，至今依旧保存古建筑的原貌。现为涿鹿县政府的文物保护单位。

溪源村的龙门书院就建在魁星楼下，康熙八年（1669年）《保安州志》编纂者杨养正曾在书院读书，《保安州志》记载，清末宣府乡试秀才第一名霍仲霖在此读书，涿鹿名人吕复先生少时曾多次到龙门书院学习。1949 年后，龙门书院改为溪源村的学校，村里 50 岁以上的人，大多都在此读过书，经考试外出工作的人员很多，诚可谓地灵出人杰。1976 年龙门寺及龙门书院被夷为平地，现只留下两棵柏树树干。

人说溪源村美，使其美得最为传神的，那就是村子背依的这笔架山了。在全国，叫作“笔架山”的，有二十几处，但是哪里的笔架山都没有涿鹿县溪源村背依的这座酷似笔架。每当傍晚，在晚霞映照之下，笔架山之美真是美得难以言表。明朝嘉靖戊戌进士、后任锦衣卫经历沈鍊的后代沈存德，在他的《笔架彩霞》诗中，是这样说的：

明霞如绮烂高天，
山学浓装染黛鲜。
日下依稀凝海蜃，
雨余氤氲湿炉烟。
泉飞瀑布来何地？
金削芙蓉自几年？
我欲登临最高处，
仅收佳胜入诗篇！

尧天舜地说历山

四顷梁村东是虞舜帝曾经耕耘过的历山。历山，本名按此山西侧有龙门山峡而称作“龙门山”。上古时候当黄帝、炎帝同为有熊国首领之时，炎帝登临此山，发现山顶四周是山石岗埠围合如城墙，中间平展展的黄土地上，是一片茂密的森林。炎帝带领众人放火焚烧山林后，就在这里耕种。史书记其事，便依是时“烈山而焚，竭泽而渔”的生产方式，记此山为“烈山”；史书记之曰：“炎帝兴于熊耳、龙门。”当炎帝之子“柱”继父耕种在此山之后，史书为与其父炎帝史事相区别，便记之为“厉山”；而当舜帝在此山长期耕种后，史书便记载为“历山”了。

在历山主峰上，历史上有过一座鸿蒙寺，鸿蒙寺之“鸿蒙”二字，是取人类社会鸿蒙初开之意而得其称，里边供奉的分别是伏牺、神农、少典和黄帝。此后，渐渐发展演变成了有72座庙宇的庞大道教圣地。据说，此庙在明初因道人作恶受到天谴，遭大火烧毁。

在历山的东侧，是唐尧庙和虞舜庙遗址，它是历代帝王五年大禘之时帝王们亲自祭祀唐尧、虞舜的地方。在历山南面的一个山湾里，还建有瞽叟祠，其规模不大，汉代在此还建了一座砖塔，最后毁于“文革”。

距历山东南三华里，便是唐尧、虞舜的国都潘城遗址了，唐朝时曾设为妫州治，后来又曾叫作舜乡堡。现在此遗址便被称作保岱。

在历山北面有一处山洞，人称黄酒洞，传说是中国北方黄酒的发源地。当年，炎帝在四顷地耕种黍米时，把籽种存放在温度适宜的“龙洞”中。有一年，雨水流进洞中，浸泡了籽种，发酵后变成了一大潭红水，味道醇香，有人品尝后献给了轩辕黄帝，黄帝取名为“鬯”。现有赤城人在怀来县创办了“张家口北宗黄酒酿造有限公司”，其酿酒的原料黍米，就是历山上种植的黍子。

地灵人杰展新颜

溪源是桑干河流域自然景观最美的村子，同时又是桃、李、枣、杏、香椿、芦苇等集中产地。它是集历史遗址、自然景观、生态林果以及农业生产于一体的村子。溪源泉水日夜不断向外喷涌，大自然赠给村民一个健康长寿的风水宝地。厚重的历史，则赋予溪源人以爱家、爱国的忠孝情怀。

2012 年秋，霍家子弟们与村委会倾力协作，初建了龙潭沟生态园，正式迈开了溪源村文化、民俗旅游建设的步伐。

2013 年初，溪源村党支部、村委会决定，聘请历史学家、河北北方学院兼职教授、中国管理科学研究院特邀研究员曲辰先生及本村籍在张家口市工作、原任张家口市桥东区档案史志局局长霍万清女士为溪源村人文、民俗、观光景点设置建设顾问，于 2013 年 3 月 16 日制定了《涿鹿县溪源村人文、民俗观光景点设置与建设规划》。

2013 年 8 月 12 日至 18 日，溪源村举办了第一届民俗文化旅游节，祭拜中华民族的伟大先祖唐尧、虞舜，盼望国泰民安。四面八方的百姓们祭拜魁星阁和龙王庙，乞求风调雨顺。村里摆开八仙桌，招待十六方，聚五湖四海之宾朋，招远近宾客前来享受文明、生态、环保、风景旅游之乐。

现在，溪源村村民在上级党委和政府的领导下，正利用唐尧、虞舜历史遗址、龙门峡、笔架山、魁星阁，以及明清四合院等景观，开展了新农村文化建设，为发展民俗文化派游活动而紧张地工作着。

可以预料，这个“世外桃园”式的美丽村庄，将会越变越美，居民的生活会越来越幸福，对于远近游客，会越来越具有磁石般的吸引力！

霍万清

写于 2014 年仲夏

目　录
CONTENTS

历史遗址

舜都潘城

舜都潘城遗址，在河北省涿鹿县桑干河南的保岱镇，“城垣方形，每边长1400米，夯筑，潘泉位于城西南角，妫水穿城向东北流，河道尚存；有古建筑地面在地下，有大水冲毁该城遗痕；内城边长约500米，有细石器、石斧、石环、石杵、彩陶、泥质红、灰、褐色陶，夹砂红、灰陶残片，有四不像鹿化石出土。”(1)城址内出土过布币、刀币、五铢钱，以及铜镞等。原张家口地区博物馆工作人员以及郑光、曲辰、王北辰等，都对其做过调查，确定其为舜都潘城。

曲辰认为：“冀字的产生，源于黄帝战蚩尤之后，民间为记述、庆贺这一历史事件，希望此后吉而免凶，不再发生给人带来灾祸的蚩尤战乱，而扮成蚩尤形貌的舞蹈。这个舞蹈传到战国前后名‘角抵’，汉代称‘蚩尤戏’，以后又演变为‘相扑’。”(2)所以，黄帝战蚩尤后，涿鹿最初的地名，就称作“冀”，到了舜分华夏大地为十二州时，始有“冀州”产生。

这个说法，与古史所传是吻合的。《竹书纪年》载：“帝舜有虞氏，元年己未帝即位，居冀。”

注释：

(1) 曲辰：《黄帝与中华文明》，中国华侨出版社2004年6月版，第302页。

(2) 曲辰：《试探地名“冀”的含义》，《地名知识》1987年第5期。

妫汭旧迹

《史记》载：尧老，欲禅帝位于贤者，咨于四岳，四岳“皆言于尧曰：‘有矜在民间，曰虞舜。’尧曰：‘然，朕闻之，其何如?’岳曰：‘盲者子，父顽，母嚚，弟傲，能和以孝，烝烝治，不至奸。’尧曰：‘吾其试哉。’于是，尧妻之二女，观其德于二女。舜饬下二女于妫汭。”

《水经注·㶟水》：“㶟水又东迳潘县故城北，东合协阳关水，水出协溪。《魏土地记》曰：‘下洛城西南九十里有协阳关，关道西通代郡。其水东北流……又北迳潘县故城，左会潘泉故渎，渎旧上承潘泉于潘城中，或云，舜所都也。’《魏土地记》曰：‘下洛城西南四十里有潘城，城西北三里有历山，山上有虞舜庙。’《十三州记》曰：‘广平城东北百一十里有潘县。’《地理志》曰：‘王莽更名树武。’其泉从广十数步，东出城，注协阳关水。”

《世本·秦嘉谟辑补本》载："舜居妫汭，妫墟在西（潘）城西北，舜之居。"

古史所载，至为翔实，所谓"妫汭"是指妫水在潘城流向拐弯的地方。《辞源·释汭》："河流弯曲处。"郑玄在《禹贡》注中说："汭之言内也。"这正是《山海经·海外西经》所描绘妫汭的"两女子居，水周之。一曰居一门中"的真实注解。其所谓一门之中，就是说两女子是一个家庭之中的成员。

潘城中的妫汭，就是现在保岱村的"拐角"。拐角地名所得，就是源自妫水在从潘泉出泉后流往北面，流到潘城西北又绕了个弯向东流。直到20世纪60年代，这个河道还非常清楚。现在，虽然由于潘泉的干涸，河道虽不太清晰了，但这河道仍是一条拐弯的道路。因为，在潘城遗址上，有拐角、后庄、堡子里、坝口四个自然村。其中拐角、后庄与堡子里都踞于高高的黄土台上，其分割这三个自然村的，正是古妫水河道。所以，娥皇、女英所居住的妫汭旧迹，至今仍历历在目。

《世本·秦嘉谟辑补本》所记载的："舜居妫汭，妫墟在西（潘）城西北，舜之居"，是将虞舜婚后所居之处比照史书记其出生地为"姚墟"一样，而将"妫汭"记之为"妫墟"。这个记载除了不称"妫汭"，而说"妫墟"，容易引起与舜帝的出生地"姚墟"相混之外，简直准确得无可挑剔。

潘泉今昔

在中国的古代历史上，汉代潘县之置，是因城名而置有县名，而潘城之名所得，又是因妫水的源泉——潘泉之名而名，潘泉得名之所由，则是由于泉水出泉之前形成的盘旋形态。这种形态一直不变。这极有可能是泉水出泉时受到泉眼的特定方向所致。现在的涿鹿籍女作家杨素梅先生就是保岱村人，她写的纪实散文《潘泉》，对潘泉水出泉之前的形态之描写也复如此。她说："潘泉在村西一片茂密的草丛中。其实是因为泉水的滋润才使得那草成丛连片，形成一滩沼泽。草根泉眼处，水湫湫地喷涌着，一圈圈扩开去。"

古人列御寇以为深渊中水作旋转貌，是有大鱼在其中旋转造成的。他在《列子·黄帝》篇中说："鲵旋之潘为渊。"

在20世纪以前，由于潘泉的喷涌，妫水的流淌，给潘城遗址上生活的人们，带来了富足与欢乐："沿河两岸是菜田麦地，一畦畦麦地，一格格菜花，一架架黄瓜，一串串豆角，浓绿间杂着鹅黄点着桃红。这菜地合了分，分了合，几经变迁，也足够全村人吃。菜地后是大片老梨园。"(1)

但是，后来，人为因素使得潘泉没了，小河干了，麻坑枯了，菜田麦地也随之消失，潘城与妫汭都改变了历史的容颜。

潘泉，现在还留在潘城遗址上生活着人们的深深记忆中，但可以预见，她的历史容貌，后世的人们是很难说清楚了！

注释：

(1) 杨素梅著：《五味瓶》远方出版社 1995 年 11 月版第 27 页。

舜耕耘过的历山[1]

“历山，在察哈尔涿鹿县西南，潘城西北三里。”[2]它的本名叫作龙门山，斯山西北，一峡两边双峰对峙如门，故命之曰龙门山。峡中泉水经龙门成瀑布，凡三叠飞流而下，其景名“龙门叠翠”，为古涿鹿八大奇景[3]之一。

此山北端高约1000公尺的山顶，是一个和缓的勺状古溶蚀洼地，洼地中后期沉积了中更新世的老黄土[4]。在有熊国末期，军事领袖姬轩辕的同父异母弟姜榆罔为“后”，曾率众在龙门山焚林垦荒。故，史书以其“烈山而焚，竭泽而渔”之事，称炎帝曰“烈山氏”，命其焚林垦荒之山曰“烈山”。

到了其儿子叫作“柱”的，在此山耕种史事之记，为不与其父相混，便记之为“厉山”。如《国语·鲁语》载展禽语曰：“昔烈山氏之有天下也，其子曰柱，能殖百谷百蔬。”韦昭注：“烈山氏，炎帝之号也，起于烈山。”到了舜之耕耘，史书为与炎帝及其子相别，就记之为“历山”。这就是历山之名的由来。

尽管汉以来之多事者，附会说黄帝传十世，炎帝传八世，自刘歆与班固又将神农氏与炎帝合户，称作炎帝神农氏，是黄帝的父亲。但记其耕耘之处，仍曰“熊耳、龙门”两山[5]。至于舜耕之事，因为居二十四孝之首，其史事是尽人皆知的。如：

《尚书·大传》：“舜耕于历山。”

《墨子·尚贤》：“昔者，舜耕于历山，陶于河濒，渔于雷泽。”

《公孙尼子》：“舜牧于潢阳。”历山之北为“黄阳山”。

《史记·五帝本纪》:“舜耕历山,历山人皆让畔;渔雷泽,雷泽上人皆让居。”

《淮南子》“舜耕于历山。”

在历山东麓,旧有尧舜二庙,尧庙在上,舜庙在下,瞽叟祠在历山南端东麓的一个山弯里,汉代修有一个砖塔,文革中被红卫兵拆毁。曲辰与中国社科院考古研究所研究员、原二里头考古队长郑光先生对此进行过多次考察,尧庙、舜庙与小矾山东北桥山南麓之黄帝庙形制相同,都是方形,而非后世的长方形。其最早的陶器残片为龙山文化时期遗物,其庙奠基用石斧。因此,历代对历山尧、舜庙及祭祀的记载就很多:

《魏土地记》:“下洛城(今涿鹿城)西南四十里有潘城,城西北三里有历山,山上有虞舜庙”;

《水经注·瀔水》:“协阳关水又北,迳潘县故城,左会潘泉故渎,渎旧上承潘泉于潘城中,或云舜所都也”;然后,引《魏土地记》之载曰:“城西北三里有历山,山上有虞舜庙”;

《后魏舆地图风土记》:“潘城西北三里,有历山,其下有舜祠、瞽叟祠存焉”;

《魏书·太祖纪》:拓跋珪于天兴三年(400 年)五月“己巳,幸南宫,遂如广宁,遣使者以太牢祠历山帝尧、帝舜庙”;

《魏书·太宗纪》:拓跋嗣于神瑞二年(415 年)六月“壬申,幸至广宁,登历山,祭(尧)舜庙”;

《魏书·太宗纪》拓跋嗣于泰常七年(422 年)九月己巳,“幸瀔南宫,遂如广宁。辛酉遣有司祠唐尧、(虞舜)庙于历山”;

《魏书·世祖纪》:拓跋焘于神元年(428 年)“八月,东幸广宁,临观温泉。以太牢祭尧、舜庙于历山”;

《魏书·礼志》：拓跋浚于“和平元年（460 年）正月，东巡历、桥山，祭黄帝、尧、舜庙”；

《魏书·礼志》载：元宏于太和十六年（492 年）二月丁酉诏曰：“虞舜播太平之风，致无为之化，可祭于广宁历山”；

《旧唐书·地理志》：“妫州，隋涿郡之怀戎县，武德七年讨平高开道，置北燕州，复北齐旧名。贞观八年，改名妫州，取妫水为名。”

妫水，源出于潘城内西南城墙下，因泉水出泉时是盘旋而流出，故得名潘泉，《列子·黄帝》中曰：“鲵旋之潘为渊。”潘，又作溢流解，“决潘渚”[(6)]。尧下嫁娥皇、女英于舜，就住在妫水出泉后向东北流的一个拐弯处，这个地方现在叫“拐角”，古地名叫“妫汭”，《山海经》对此记载曰：“在巫咸（灵山）北，两女子居，水周之。一曰居一门中。”[(7)]

《括地志》记：“妫州有妫水，源出城中。耆旧传云：舜釐二女于妫汭之所。外城中有舜井，城（西）北有历山，山上有舜庙。”[(8)]

舜耕耘之处，其田计480多亩，故地名称“四顷地”，《保安州志》记之曰：“在州西（南）三十里，周围石骨嶙峋，山顶有土田四百亩，登之，（见）四垣齐密，隐如城郭，不知为万仞山巅”。

今之窑子头，为舜母握登生舜之“姚墟”；今之保岱村，是为古潘城，是尧、舜都城遗址，有人硬是要将此西北三里之历山附会为釜山，都是后世一些解释地名者除了从书本到书本，根本不作调查研究外，就是闭着眼睛瞎诌，这是一种根本不负责任的缺德行为。因为，这种篡改历史，事实上就是对中华历史在一些具体事件上的否定，它造成的就是国人对自己历史的不相信。

注释：

(1) 曲辰：《再谈涿鹿历山之由来》，转自2010年12月22日张家口网。本书作者在语词上稍作改动。

(2)《中国古今地名大辞典》。

(3) 清·康熙五十年《保安州志·山川》。

(4) 袁宝印、孙建中、刘坛森：《延怀盆地第四纪地层及地文期》，载《泥河湾研究论文选》，文物出版社1989年版，第477页。

(5) 司马贞：《补史记·三皇本纪》。

(6)《管子·五辅》。

(7)《山海经·海外西经》。

(8) 此引自中华书局1980年版《括地志辑校》。

尧庙遗址(1)

尧庙遗址，在历山东侧、史载之“姚墟”（今名窑子头）村西面的一个山坡上，其地为黄土岗阜。现存尧庙基址为方形，南北23公尺，东西20公尺，台基高约两公尺。方向为北偏西五度。

现在，除了残存的砖瓦之外，还有一方巨大的碑座，庙基的下面是耕地。此庙所在土地的承包人，因为浇地发现了地下有墓葬，且规模宏大。为了保护文物起见，土地承包者曾与下洪寺会劁猪的李本明先生一起，找过涿鹿县委分管文化工作的领导这是公元2000年以前发生的事。

舜庙，在尧庙之下，中间相隔之地，当地人称之为“丹墀地”。

涿鹿县相信某些所谓“专家”的话，或者是对《史记》注释中误引的附会之语，以为此山是黄帝合符的“釜山”，并误指尧庙碑座石为“合符石”，因而在此建起了一个亭子，立碑石曰“釜山遗址”。

所谓“釜山合符”是轩辕黄帝从涿鹿两战中吸取教训，认识对周围很多拥有武装的部落方国不解除其武装，天下就不会太平的道理，从而派兵东西南北征战、一统华夏大地，然后在建都于涿鹿时，在都城前举行一个仪式，收回战时所发出的兵符，两两相合而存，而这是根本不会跑到70里外的山头上进行的。

注释：

（1）此文系收录曲辰文章的一部分。

舜庙遗存

舜庙遗存在尧庙的下面，中间相隔着丹墀地。舜庙庙基高两公尺左右，呈正方形，与尧庙规模一致。庙基北面有土地承包者将散落的、不同朝代重修庙宇遗存下来的、规格不同的旧砖垒成了砖垛一个。

庙基上面有一个盗洞，透过盗洞能看到原庙基地面所砌的方砖地面，因为盗洞很深，光线暗淡，看不到底部情况。现在的庙基四周为杏树园子。

《史记》载：“（舜）践帝位三十九年，南巡之狩，崩于苍梧之野，葬于江南九疑，是为零陵。”但是，中国历史上的帝都都在北方，先秦历史上的帝王们为五年之大禘方便，就将历山舜庙建得与尧庙、桥山黄帝庙规制相同，以用于五年大禘之时祭祀虞舜帝，其故事如北魏：

《魏书·太祖纪》：拓跋珪于天兴三年（400 年）五月“己巳，幸灅南宫，遂如广宁，遣使者以太牢祠历山帝尧、帝舜庙”；

《魏书·太宗纪》：拓跋嗣于神瑞二年（415 年）六月“壬申，幸至广宁，登历山，祭（尧）舜庙”；

《魏书·太宗纪》拓跋嗣于泰常七年（422 年）九月己巳，“幸灅南宫，遂如广宁。辛酉遣有司祠唐尧（虞舜）庙于历山”；

《魏书·世祖纪》：拓跋焘于神䴥元年（428 年）“八月，东幸广宁，临观温泉。以太牢祭尧、舜庙于历山”……

瞽叟祠遗迹

瞽叟祠遗迹，在历山主峰南端东坡下的一个山弯里，也就是武家沟镇的护路湾村东，保岱镇的窑子头村西南，离尧庙、舜庙遗址将近一华里。

瞽叟祠，因为不涉及国家祭祀礼制，而属虞舜帝的家祠，所以，就谈不上什么规模，也就是一个小庙而已。至 20 世纪初，只剩下汉代修的一个砖塔，也毁之于“十年动乱”。1958 年涿鹿县文化馆曾将此砖塔照片与黄帝泉捞出的元宝一齐展出过。

过去，护路湾以西的村民进城，路过窑子头村南，都能看见此塔。

舜烧陶的河滨

《史记·五帝本纪》载："舜陶于河滨。"舜帝烧陶的河滨，其地当在"姚墟"南面的河岸旁。因为，在此处黄土断崖处确实曾经发现过古人烧陶的窑址与红烧土痕迹，更有很多陶片的存在。此虽不足以证虞舜烧陶事，但舜的烧陶作什器之处，也绝不会离此太远。

历山主峰上的鸿蒙寺旧迹

在历山主峰上，旧有鸿蒙寺一处，据传其寺规模宏大，僧人众多。

寺名取"鸿蒙"二字为名，意为：中华大地以此为"鸿蒙初开"。原寺中所供奉的是伏牺、神农、少典、轩辕黄帝。除主峰大殿外，还依山就势，建有亭、台、曲廊以及禅房等。

在主峰上，在20世纪60年代，曲辰上山察看时，其大殿的四个柱础尚原地原位保存着，东西距离为7米，南北距离为5米。但是，到2011年秋天，曲辰与其夫人租屋住到护路湾村进行历山遗址群调查，再上山察看并拍照时，其柱础已经让人们挖走了三个，则只剩下一个业已刨起并翻转斜放在地，还未被盗走，经测量为70公分见方，上面再雕出60公分的突出圆柱形状。

鸿蒙寺之大，其影响之深，以至于给当地百姓留下了很多的故事传说，有的说其寺中有300多个和尚，他们作恶糟害百姓，惹怒了天上的玉皇大帝，玉皇派天兵天将下凡，将鸿蒙寺放一把天火烧了；还有的说，寺中和尚谋划造反，被官府派兵剿灭了……但是，捡索各种史籍与地方志书，都见不到此类记载，只有其寺庙遗址、覆盖于历山山坡上的秦汉、北魏、唐代等不同规格的砖瓦残块是一种实实在在的历史存在。这偌大一处寺庙到底因何毁坏？这恐怕是一个难解的历史之谜！

舜母原居地姚家沟

在历山上，当年舜耕之地的西侧、四顷梁村的东北方向，有一个黄土沟，此沟坐北朝南，是一个避风向阳的山弯弯，地名叫作“姚家沟”。四顷梁及附近的居民都说，那里曾经是虞舜帝生母出嫁前的故居。而此种传说，在根本不知五帝时代尚为从母得姓、也更不知舜帝从母姓而姓姚人们的口耳相传中，竟然与历史记载相合。同时，又有此地现存的“历山圣母祠”相印证。

在四顷梁村中，有一个很小的庙，叫“历山圣母祠”，其所供之神为一中年女性。由此，在中华大地上相传、演变为“骊山圣母”、“黎山圣母”、“骊山姥姥”的无源之神，至此就有了她传说的原型、原地、源头与缘由。

据四顷梁的人们说，他们村自古以来就有这个庙，还有一个在虞舜独自耕耘于历山遇到危难，舜母握登及时相救的故事，这使虞舜一直感念不忘。所以，当虞舜在帝尧选贤禅让帝位之后，就在他耕耘过的历山上，为生母建造了一座小庙，定期前来祭祀。后来，人们就叫这个小庙为历山圣母祠，呼小庙中供奉的握登为“历山圣母”。

现在，这历山圣母祠，虽经历代重修，但是，仍然还只是一间房大的一个小庙庙。

姚墟名称的变迁

《孝经援神契》云：“舜生于姚墟。”那么，这个“姚墟”在何处？我们结合舜耕于历山、渔于雷灉泽、陶于河滨、婚后居于妫汭、即帝位都于潘城的历史记载，经调查研究和考证，认为：这个“姚墟”，绝不是历山西侧的姚家沟，而正是历山尧庙、舜庙下面的窑子头村。那么，历史记载中的“姚墟”，又是如何演变为现在的“窑子头”呢？对此，只有按着地名在历史上的演变的规律进行研究，并证之以历史文物，才可以做出正确的答案。

第一，“姚墟”，并非历史上原有的村庄名，其中“姚”是村名依“姚”姓而称，它传达了历史的真实，而“墟”，则是村墟的含义，也就相当于我们现在所说的“姚村”。从这个意义上说，凡是那些地方志书上记载为“姚墟”地方，就都是附会，不是舜的出生地。

第二，围绕着历山，其周围的古老村庄之名称，有两个特点：一是名称古怪，如历山南面的村子，至今叫作“护路湾”，一个山沟中的村子“护”什么“路”？依据上历山的三条道路路口村名，它传达的历史信息是很明确的：它的功能就是“护”上历山的道“路”。因为，所奇怪的还有历山北面两个村名与村中刻在古堡石头上面村名不符：上葫芦古村名叫“薄字屯”，下葫芦村古名叫“福字屯”。结合历史上能上到历山上的道路，只有护路湾、上葫芦、下葫芦村所据守的三条，我们也就不难明白：所谓“上葫芦”、“下葫芦”两个村，原来是“上护路”、“下护路”的讹书。

依历山周围“薄字屯”、“福字屯”、“桑干屯”古村名所证，则今窑子头乃为“姚字屯”的谐音讹书。

窑子头就是“姚字屯”，姚字屯就是历史上的“姚墟”，是舜的出生地，它距舜都潘城三华里。

还有，现在这个“窑子头”，用因住窑洞而得称，是解释不通的，因为“窑”与“子头”相连，就没法解释。更何况这窑子头村，有很多特点：

一是历史极为古老。曲辰先生在这里不仅捡到了龙山文化时期的陶片、仰韶文化时期的陶片，甚至还捡到了细石器！

二是用石头铺出来的古道路很多，女作家杨素梅的文章就谈到了这一点。而古建筑很多，却很少见到土窑洞。

三是全村2400多口人，绝大部分都姓唐。这与唐尧庙下发现有规模宏大的墓葬，应该是有关系的。

舜牧牛之黄阳山

《公孙尼子》记：“舜牧牛于潢阳，尧举之，以为天子。”此历史记载中的“潢阳”，是为山名，即历山北面的黄阳山。黄阳山，是桑干河流域山间断陷盆地中央熊耳山之东裔。此山因古今常有景云出现，涿鹿从古至今就将它列之为八大奇景之一，命之曰“黄阳雨笠”。

“黄阳雨笠”自然景观的出现，是由于桑干河流域山间断陷盆地，以及盆地中央“地垒山地”的形成，控制了地域内水系发育和高低压冷暖空气交互作用的过程，由此而出现独特的自然景观。正因为如此，此景观的出现，也就能准确地预示桑干河盆地内地方性小气候的变化规律。黄帝战蚩尤之际，通晓天文、地理、阴阳大道、熟悉本地气候变化的轩辕黄帝，就是利用了此自然景观能预示气候变化过程的功能，借大自然的威力为“兵”以战蚩尤。雾天用指南车辨方向，大雨天利用暴雨加平时拦蓄的河水，以冲建于河道上的蚩尤城，从而实现了以兵少胜兵多、以弱而胜强的奇迹。此战之胜，除了轩辕黄帝大智大勇的指挥之功外，其次是“战盈六十，而青阳未失”[(1)]的功劳显著。故此，后人就以黄帝之“黄”、青阳之“阳”，命称常有景云出现的山曰“黄阳山”。

汉代以来，由于道教的出现，炼丹之风大炽，于是有人便由山名的“黄阳”二字，附会为黄伯阳于此修行炼丹而得名“黄阳”山。并刻石立碑于此山。1958 年，郭沫若对此说法进行了否定，这是正确的；但是，提出了“山有黄羊，故名黄‘羊’山”的说法。于是，大到国家出版物，小到人们日常写文章，一律将中华五千年的“黄阳山”，写作“黄羊山”，以至于根本不懂纂修志书的人们，竟然将古籍中所有诗文中的“黄阳山”统统改成“黄羊山”，这就成为了一种不懂历史、乱改古史记载的笑话了。

黄阳山，面积 30 平方公里，主峰海拔 1709 米，山上有佛寺，名“清凉寺”，约建于东汉，北魏太和三年（479 年）重修，明成化八年（1472 年）重建，正德元年（1506 年）重修，毁于文革，文革后又有民间重建；有道观龙王堂，始建年代不详，明清两代的文人墨客，多有登临诗作。黄阳山，古松很多，现在建设为森林公园，是涿鹿县新开辟的一个旅游景观区。

黄阳山南，亦就虞舜帝当年牧牛处，在清代，曾辟为牧马草场。

注释：

《黄帝经·十六经·正乱》，载《中华杂经集成》第四卷，中国社会科学出版社 1994 年版第 587 页。

舜捕鱼的㶟泽

《墨子》、《史记》、《吕氏春秋》等均言舜渔于雷泽。那么这个雷泽又是在哪里呢?

要搞清这个问题，说难亦难，说不难亦不难：桑干河，古名水，雷泽就是㶟水之泽。——此是其不难之处。

然而，桑干河长达千里，要很准确地指出舜捕鱼的㶟泽究竟是在哪个具体的地方，就是很难的事。

舜捕鱼的“㶟泽”在哪里？这个就不如其他历史遗址那样能依据遗迹与文物进行认定了。我们只能依据舜耕于历山、居于姚墟的历史实际，按桑干河流向、流域地形以及其距舜居远近而辨，㶟泽所在地理位置，当在桑干河水穿过古桑干屯山峡前的上游下葫芦村（古称福字屯）附近的桑干河河滩之中。

圣地景观

高山盆地

霍万清

世界上的什么事情都是有因才有果，没有缘由的事情是不存在的。黄色人种孕育于桑干河流域，就是因为燕山运动、加里东运动、喜马拉雅运动的应力在这个地域结合并转换、扭曲，因而，在地质上造成了桑干河流域的山间断陷盆地。盆地的形成控制了这一地域内的水系发育，又形成了大同、张家口、涿鹿三个内陆淡水古湖。这样，山上、湖中、岸边有着各种动物、植物生长和生存，这就给古猿类向古人类发展进化提供了一个最适宜生存的地方，因而，古猿类在这里生存发展，并形成了北温带的黄色人种，也就是必然的事了。

这既是大自然的变化对于世界上物种的选择，反过来，亦是物种对于自然界的适应性选择。

同样的道理，在上古的五帝时期，舜于历山耕耘之处，没有土地是不可能的，“舜耕于历山，历山人让畔”的历史记载，又决定了历山必有很多耕地，而不是几块、几亩。同时，桑干河的发育和形成，是距今三万至一万年之间的事，其时，桑干河两岸的河谷地带自然是不宜耕种的，因为，人们还不能抵御洪水灾害，唐尧、虞舜任命伯禹治水，就是明证。所以，“舜耕于历山”是历史的真实，而这历山上有着很多良田，也就是一个必然了。

舜耕于历山的土地，正是笔架山东、黄阳山南的龙门山上一处山顶盆地。是处，有平展展的良田480多亩，而良田的四周，则是城垣一般的山阜严密围合。山的北面就是桑干河。由于地质运动所致，断崖山体抬升与桑干河形成中流切割造成峡谷的过程强烈，使得此地山高谷深，奇峦叠嶂，嵬嵬壮观。

历山的这种独特的地形、地貌，是与黄色人种形成的地域“泥河湾”地层形成息息相连的：加里东运动、燕山运动、喜马拉雅运动在华北地域的应力结合、挤压、扭曲，使得地层断裂下陷与抬升，造成了桑干河流域山间断陷盆地；而在断陷盆地内侧，则断层受挤抬升与断裂下陷加以流水切割，又形成了高程在1000米左右的平顶低山。这些石灰岩质的平顶低山，因长期受雨水存积溶蚀，就变成了沉积有中更新世老黄土的山顶碟状洼蚀盆地。舜耕耘的历山，就是这种低山顶部的洼蚀盆地。

历山上这480多亩土地，现在仍然被这里的人们耕种着，曲辰先生在对此地多次的田野调查中，都拾到了仰韶文化时期的加砂粗红陶陶片和龙山文化时期的黑陶陶片。

笔架彩霞[1]

曲辰[2]

笔架山，位于涿鹿县城西南34华里处，也就是在今武家沟镇的上葫芦村西南、北黄崖头村北。其主峰海拔1273.8米，主峰左右又有两峰稍低，且距主峰距离相等，此三峰并秀，酷似一个硕大的笔架巍巍然镶嵌在那里，犹如一座彰显文化的屏风，照看着涿鹿大地。故，斯山因其形而得名“笔架山”。

千秋百代，每当红日东升、朝霞初露之际，笔架山便身披绚丽的霞光，山涧淡淡紫气氤绕，充满了神奇而吉祥的天然景色，辉映着涿鹿大地；而当夕阳西照的时候，则又给这座巨大的“笔架”镶上了一道十分耀眼的金色轮廓。所以，古人就将此命为“笔架彩霞”，称为涿鹿的八大奇景之一。

涿鹿人对笔架山特别热爱，认为斯山是涿鹿地方的祥瑞之山，是文明与文化之地的一个象征。因而，代代都有文人、名人出于此，为国家做杰出的贡献。正因为如此，明代以前，还有人在县城的南城墙上建了一座细而高、多层次的实心砖塔，以像一枝巨大的“毛笔”，取有“笔”、有“架”的完全配备之意。明朝有位卢陵人，姓晏名壁，字彦文，夙擅文名，能词赋，永乐间为徐州判官，后晋升为山东按察司佥事。他写的《笔架彩霞》一诗，是这样说的：

山如笔架露锋芒，
霞彩烘蒸万丈长。
管子城头呈秀色，

中书阁上炯文光！
祥云冉冉昭蓬岛，
化日融融动朔方。
绝顶高秋凝望处，
手披云汉抉天章！

在涿鹿的民间，还流传着这样一则故事，说是：清帝康熙巡幸涿鹿，有一天清晨，从张南宅步上街市，正好看见了一抹朝霞辉映在笔架山上，甚为绚丽可爱。他认为这是他巡幸涿鹿的吉祥之兆，这笔架山简直就是他大清国的吉祥之山！于是，就突发奇想：如果用黄金将此山镶一个皮儿，当霞光照耀之际，那景象不知道要有多美了！可是，想归想，真要动用国库里的黄金去镶一座大山，不用说没有那么多的黄金，就是有，那除非皇帝是个疯子！我听了这故事，就认为是涿鹿人编的、非常不靠谱的事：康熙只这么想了想，他给谁说来？涿鹿人是怎么知道的？

我倒是看着这笔架山，想着黄帝战蚩尤、战炎帝，四方征战、一统华夏，建国、定都于涿鹿后，命仓颉造字用以述史记事，这“山”字的字形极有可能就是依笔架山而造：

第一，地质考古研究证明，两三万年以来，桑干河流域地貌变化不大，在距今不到五千年，黄帝、仓颉与我们看到的笔架山是一样的。

第二，甲骨文的山字“ [illegible] ”与笔架山形状一模一样。这，绝对不是偶然的巧合！因为，黄帝的都城在涿鹿，仓颉造字亦是黄帝建立国家之制以后，故造字亦是在涿鹿。中国的象形字，很多都是依实物所画的简明象形线条画。不仅如此，就连后世的隶书山字“ [illegible] ”，楷书山字“山”，印刷体“山”，都无多大变化。

第三，在中国的古字中，还有依涿鹿事物造出来的许多字例，此不一一赘述。

涿鹿县的笔架山奇丽无比，《笔架彩霞》一景，世上少见，故拙写小文以志。

注释：

（1）曲辰：《笔架彩霞》，转自1982年《桑干河报》。

（2）曲辰，男，1942年出生于涿鹿县的一个山村，先后务农、做工、当会计、搞育种、充任剧团专职编剧，以及《长城文艺》杂志的小说、散文、地方风物等专栏编辑，有学术研究专著《轩辕黄帝史迹之谜》、《中华民族的先祖》、《解易诸谜》、《黄帝与中华文明》、《中国哲学与中华文化》等书出版。现为河北北方学院兼职教授，中国管理科学研究院特邀研究员。

黄阳雨笠

曲辰

在张家口市宣化县南、下花园西、涿鹿县城西北，有一座拔地而起、气势雄伟的黄阳山。《保安州志》上说，斯山因黄伯阳曾修炼于此，因而得称“黄阳山”。1958年，郭沫若则推测黄阳山是因古有黄羊而得名，黄伯阳修炼于此的说法是雅人附会……其实，黄阳山一名是古已有之，战国之际的书，记载舜帝为民时，曾“牧于黄阳”。这就说明，黄阳山得名确实与什么“黄伯阳修炼”无关；又，“黄羊”是草原上的食草动物，高山上是不会有的。郭沫若的推测也就违背事理。

黄阳山，有一个奇特的景观，每当白云卧顶不起，就像给它戴上了一顶雨笠的时候，快则当日，慢则一两天，必然会有一场风雨来临。涿鹿、宣化两县，都将它列为本县“奇观”、“大景”，记入县志。我小时候在它对面的笔架山麓放牛，就曾多次仔细地观察过形成这一奇景的全部过程，现在，我以发生变化最快的一次为例，叙述如下：

那一天的前晌，烈日喷火，大地冒烟，天气格外闷热。涿鹿、怀来、宣化等平川上，蒸腾起一片雾气。远近村庄、大小道路、高楼低舍、往来车辆以及那弯转的河流、纵横的渠道，一切景物统统罩上了一层神秘的面纱。这层白纱越变越厚，像炊烟平展展地覆盖在平川上，往来流动，慢慢漂移，并不飞向空中。随着太阳的升高，这雾气像听到了集合令一样，由低而高，从四面八方渐渐向黄阳山聚拢。然后，顺着一道道山沟，慢慢地爬上山顶，给黄阳山穿上了白衣。再往后，这白衣由大变小，由薄变厚，最终在黄阳山顶上形成一朵白云，给它戴上了一顶洁白的帽子。这顶帽子如同生就的一样，一动不动，死死地扣在黄阳山头上。这时候，宣化、涿鹿、怀来、下花园等平川，揭去了面纱，露出了清晰的面容。村庄、道路、树木、田园、河渠、城廓，一切都清清楚楚，尽收眼底。就连京包铁路线上慢慢蠕动的火车，也可以数得清它的车厢。极目四望，那远近的山峰，犹如大海中涌起的波涛，此起彼伏，俱在脚下。

午后，黄阳山的“白帽”开始了神奇的变化：它一会儿就像开了锅的豆浆一样，从山顶往四下流溢；一会儿，又像有人往这溢锅的豆浆中浇了一瓢凉水，外溢的白色浆汁又急骤向回收缩；忽而，又像天空中有一只看不见的神手，要摘黄阳山这顶云帽一般，由是，帽子由扁平变高尖，并慢慢离开山顶，眼看就要飞到天上去。但是，升起的白帽到了一定的高度，又像摘帽的人和黄阳山开玩笑，把手一松，帽子又由空中落下，依旧扁平地戴在了黄阳山的山头上。这种情况有规律地交替出现，直到太阳西移，闷热稍减的时候，黄阳山头上的云帽才渐渐由扁平变直立，形成一个云柱，升到黄阳山上空，化作一朵白云。

这朵白云一升到空中，便上下翻腾、滚动，很快变成了灰色，并迅速向四外膨涨，扩展，又在不断的扩展中变成了黑色；当乌云铺满了半个天空的时候，云层底下开始出现一缕极白的云彩，急速地飘飞翻卷。这时，便伴有习习凉风吹来，紧接着，电光闪闪，雷声隆隆，狂风大作，沙石飞起，转眼之间，暴雨便倾盆而降，千沟万壑浪挤涛奔……

雨过天晴，天空像刚刚擦过的明镜一般，蓝得透明；山川村庄，像刚洗过澡一样，干净、水灵；空气中灰尘少了，清新得透人肺腑；太阳将要落山，借助它的光辉，东方的天空出现了两条彩虹，半圆落地，一内一外，赤橙黄绿青蓝紫，分外好看！

“黄阳雨笠”是桑干河流域地方性小气候变化过程中的一个自然景观，古今都存在。黄帝战蚩尤，就是轩辕黄帝利用这个自然景观预示的气候变化过程，预先造了指南车，在雾天用指南车辨别方向同蚩尤作战；又预先让应龙在灵山东沟上游的水关筑坝拦蓄灵山河水，大雨天放出所蓄河水，以便加大暴雨形成的山洪流量，水冲蚩尤城而打败蚩尤。这就是轩辕黄帝说的“因天之生，也以养生，谓之文；因天之杀也以伐死，谓之武”。正因为如此，史书就记载“黄帝受命有云瑞”，以云名而命官职，称黄阳山头的卧云之景为

“景云”，为“庆云”，又因黄帝以云名命官而称作“卿云”。《古今注》曰：“涿鹿之野，常有五色云气，金枝玉叶，止于帝所，有葩华之象”；《孝经援神契》云：“王者德至山陵，则景云出”；而杜预、应劭则言“黄帝受命有云瑞”；《史记·天官书》说：“若烟非烟，若云非云，郁郁纷纷，萧索轮囷，是谓卿云。”

虞舜帝选择伯禹接班继承帝位后，作《卿云歌》，冀望轩辕黄帝开创的民本社会制度永祚，其歌曰：

卿云烂兮，
纠漫漫兮，
日月光华，
旦复旦兮！

黄帝利用涿鹿古战场地形地物，利用桑干河流域的气象变化规律的景云之现，战胜了蚩尤，平定了一场大规模的臣属叛乱。因此，这“黄阳山”名之得，也极有可能是以黄帝之“黄”，黄帝之子青阳（即“少昊金天氏”）之“阳”而命称为“黄阳山”以作纪念的。因为，《黄帝经·十六经·正乱》篇载，力墨（后世书作“力牧”）称赞青阳在战蚩尤中“战数盈六十，而青阳未失”。

（此文录自2012年5月1日的《张家口网·涿鹿论坛》。按先生在网上的说明，此文最初为支持20世纪80年代初的《桑干河》报而写，后曾发表于《张家口日报》）。

龙门叠翠[1]

曲辰

龙门山，位于今涿鹿县城西南28里的武家沟镇溪源村东、保岱镇窑子头村西，是笔架山向东延伸的支脉，史书因史事，分别载之为“龙门山”、“烈山”、“厉山”、“历山”。《中国古今地名大辞典》载：“历山，在察哈尔涿鹿县西南，潘城西北三里。”

斯山西北，如一巨斧劈山成缝，两面峭壁陡立，对峙成门，故，因山势而早在新石器时代就叫作龙门山。龙门山峡之中，有一清泉，流经龙门而成瀑布，凡三叠飞流直下，其景名曰“龙门叠翠”，为古涿鹿八大奇景之一。

此山北端，在海拔高约1000米的山顶，有一个和缓的勺状古溶蚀洼地，洼地中后期沉积了中更新世的老黄土。因而上古时候森林覆盖，百兽生存，百鸟争鸣，十分优雅。有熊国末，其军事领袖姬轩辕的同父异母弟姜榆罔为“后”，曾率众在龙门山焚林垦荒。故，史书载以炎帝“兴于熊耳、龙门”两山，依“烈山而焚，竭泽而渔”，称炎帝曰“烈山氏”，命其焚林垦荒之龙门山曰“烈山”；史书记载炎帝的儿子叫做“柱”的，在此山耕种史事之记，为不与其父相混，便又记之为“厉山”。到了舜之耕耘之后，史书为与炎帝及炎帝之子相区别，就记之为“历山”，这就是历山之名的由来。

“龙门叠翠”之景十分奇丽：一股清泉，从虞舜帝耕耘过的历山四顷地南沟涌出，经四壁围合而成的石滹，蓄成一潭碧水。其分流入民渠者，绕过魁星阁高耸的那座村中之山，而推动溪源村的许多“水打磨”，隆隆地榨油、磨面，浇灌那一畦畦葱、韭、菜、蒜、瓜果与芦苇；而其主流，则从半山腰穿过龙门，凡三叠扯出三挂如锦似缎、喷珠溅玉的飞瀑，弹奏着悦耳的高山流水乐章，落入溪源村的龙门寺前，流向上葫芦村，最后注入桑干河。春季，龙门峡三道飞瀑四周，桃花红、李花白、杏花粉、杨柳绿，山上魁星阁高耸，山下飞檐、斗拱、雕梁画柱的龙门寺在树木丛中半隐半露，其景格外幽雅。而到冬季，三道飞瀑则形成了玉雕般的冰川，悬挂在龙门山峡之中……清朝广信知府朱维熊的《龙门叠翠》诗云：

瀑布飞来万斛珠，
层层曲磴泻葫芦。
登龙不羡青州守，
点额如披碣石图。
暑重凉生冰雪谷，
冬深寒铸水晶壶。
少年载酒曾经赏，
回溯风情快舞雩。

不过，自从1958年炸山峡，修建了龙门水库。1964年夏，又因为有的地方因暴雨引发水库大坝垮塌成灾的事发生，于是，在一个风雨之夜，县防洪抢险指挥部向孙家沟公社办公室电话下达命令，让溪源基干民兵连夜用炸药将龙门水库大坝炸开，放出蓄水。经过这么一再折腾，“龙门叠翠”的美景也就荡然无存了！

注释：

此文原发于《桑干河》，此录于《张家口网》2012年4月26

日的《涿鹿论坛》。

魁星高阁

霍万清

魁星，就是北斗七星中的第一至第四颗星，因为这四颗星成北斗七星杓形的杓头，头就是首，首谓魁，故称其“魁星”。古人认为魁星主管文运，所以，学校主祀魁星，又称魁星曰“文昌星”。正因为这样，在中华大地上，多处都建有“文昌阁”、“魁星阁”。其建筑多处于高阜之上，其建筑形式，多为两层的楼阁式，或四角歇山，或六角攒顶，但都挑重檐，建回廊，开轩窗，以供学子登临，凭高望远，励志苦学，耀祖报国。

河北省涿鹿县溪源村的魁星阁，虽然始建于明代，距今年代不远，但却闻名遐迩，备受人们称道。于是，在历史的长河中就不断得到维修，一直保存到了今天。

溪源魁星阁的名声大，并不是因它建筑规模有多么的雄伟壮丽，而是因为它的建筑位置独特：正处于龙门峡旁的龙门寺学堂之后一个小高山的山顶上，面对着奇丽壮观的笔架山。每当朝阳初升之际，龙门峡雾霭轻轻地为其披上一层透明的白色，使其越发显得玲珑神妙；而当晚霞映照着笔架山的时候，它又陪着笔架山彰显彩霞的绚丽；更加重要的是，它的建筑与学堂、学子，对笔架，著文章，考状元，夺魁首，鱼跃龙门，紧紧地联系在了一起。

也正因为如此，溪源及附近的人们，将这魁星阁如何的神奇，也传得是有鼻子有眼的：说是，明末历山东面的方家沟有一个穷孩子叫朱光，父亲死得早，他念不起书。一次他走亲戚来到溪源，被村中龙门峡上的魁星阁所吸引，登阁拜魁星，立志跃龙门。他随母亲白天下地干活，晚上母亲在灯下缝补衣裳他读书，后来在崇祯年间中举，做州牧，升知府，为民做好事，为国平贼乱，成为一代名臣。他的儿子朱维熊也官到知府，孙子朱芾、朱鹭也都为国家效力。又说，就连三道沟的李翰林，也是因为拜魁星立大志而成了才的……

溪源魁星阁，虽然建造得不高也不大，但它是建在了名山下、圣地旁、奇景之处，所以也神奇，更因为它正建于村中央的高山上，人们天天都对它仰望。在这个世界上，大约凡是被众人所仰望者，就都令人感到神圣……

蜘蛛古寺

霍汉清[1]

蜘蛛寺也称真武庙。位于溪源村与上葫芦村交界的蜘蛛寺山上，占地一亩多，呈长方形，原有正殿三间，塑像13尊。正面供奉着真武大帝神像，两厢塑有六丁六甲。始建于元初，为全真教教主丘处机所建，“文革”期间破四旧时被毁。值得一提的是，蜘蛛寺的塑像非常逼真，活灵活现；殿内的壁画更是栩栩如生，壁画的内容主要是记载了真武大帝的修炼过程，特别是在左侧的右上角，有一块镂空石雕，甚是精美，为镇寺之宝；同时正殿门前设有机关，当人们跪拜时，就会触动机关，这时，披发仗剑的真武大帝右手所持的宝剑就会举起来。这种机关的设置，原本就够吓人的了，传说附近村子有因为在真武大帝面前撒尿或妄言的，不是坠落悬崖，便是瘫痪不起。因此，胆子小的人就不敢进庙。如此，蜘蛛寺也就越发被人们传得神乎其神，阴森可怕了。

关于蜘蛛寺，还有另外一个传说。据说很久以前，现在蜘蛛寺的山头上有一只蜘蛛精，经过几千年的修炼，已修成人身，它把蜘蛛丝从虎头山一直缠绕到现在白石片的地方。凡过往行人，男的十有八九要被蜘蛛精吃掉，女的则掳上山供其玩乐。玉皇大帝知道蜘蛛精在人间的胡作非为后，就派托塔天王李靖带天兵天将将其降伏。李靖先命雷公电母用霹雷将蜘蛛丝劈断，又命天兵天将将蜘蛛精降伏后，用大锅压在现在蜘蛛寺遗址处。镇压蜘蛛精的大锅就在原蜘蛛寺东南角的土堆之下。在蜘蛛寺西面的山崖上，远远望去人们可以清晰地看到山崖上有一“∧”型的白色石头，与长满苔藓的褐色山崖形成了鲜明的对照，据说那就是雷公奉李天王的指令在降伏蜘蛛精的同时，为了造福当地百姓，在这里留下的一个日晷：这白石片呈正南正北方向，每当天到正午时，白石片上沿的山崖白色的地方阳光就会被全部遮住。于是当地百姓在没有钟表的年代，只要是晴天在地里干活都会依它做计时标。

注释：

（1）霍汉清，男，1956 年 1 月出生于涿鹿县城，祖籍涿鹿县溪源村。11 岁时随父下放回到原籍，翌年辍学参加农业劳动，1979 年落实政策返城参加工作，1987 年通过参加河北省自学考试取得汉语言文学专业大专学历，经济师职称。1979 年 9 月以来，先后在涿鹿县石油公司、宣化石油公司、中石化河北张家口石油公司任职，曾任县公司经理、书记，市公司业务处长、办公室主任等职。多年来曾在各级报刊、杂志发表各类文学作品、论文 158 篇。

溪源古刹(1)

霍汉清

在溪源村东沟旁的山坡上，建有一座气势宏伟的龙王庙。据龙王庙钟（此钟 1958 年在大炼钢铁时被毁，在保岱的炼钢炉融化）上铭文记载，此庙始建于金大定三年（1163 年），至今已有 850 年了。

刚建的龙王庙规模较小，殿宇只有现在的五龙殿。清康熙六年(1667 年) 在新建黑龙殿的同时，对五龙殿进行重修。清道光年间由本村霍姓家族发起修建了财神殿，形成现在的规模。到了 20 世纪 50 年代，庙里还住着一名叫作圣修的和尚——这道教庙里住和尚是很特殊的，每天晨钟暮鼓，香火鼎盛。文革中，龙王庙神像被毁，后因本村第三生产队没有队部和库房，遂把龙王庙做了队部和库房，龙王庙因此得以比较完整地保存下来。到 21 世纪初，由于年久失修，龙王庙损坏严重，岌岌可危。幸有本村霍仲永提议、霍仲堂、马明山等在 2004 年年初发起重修，共筹资资人民币 15588 元，出工 1600 余人次。重修殿宇，再塑神像，历时四月有余，于 2004 年 8 月 24 日大工告竣。

村中的老人们讲，溪源村的龙王特别灵验：那是在很久很久以前，溪源这一带还没有村落，龙门瀑布尽情地流淌，溪源河弯弯曲曲缠绕在龙门山下，龙门峡内桃花盛开，杨柳千条，宛如世外桃源。传说中的黑龙王就在这里修炼。在龙门峡南侧的半山绝壁上的龙门对峙处有一石窟，外口高约一米，阔约半米，窟中约两米高，四壁整齐，浑然天成，可容数人，西边有一石床，靠上有一天窗，据说为黑龙王居住修炼之所。在龙门叠翠的瀑布下有一两丈余深潭，乃是黑龙王戏水之处。后来，这里建起了村落，人们越聚越多，幽静的峡谷开始喧闹起来了，特别是男人们有的在此洗澡，女人们总是在龙门内外洗衣服，黑龙王再也待不下去了，于是便迁到百里之外的南黄花山去了。

黑龙王真身迁到南黄花山后，并没有忘记溪源这个曾经修行的地方，每逢当地老百姓祈雨时，他都会回来施雨。

为了报答黑龙王对溪源村的恩泽，溪源人在清康熙六年修建了黑龙殿，专门供奉黑龙王。

文革初期，全国上下都在忙着破“四旧”，溪源村也没有例外。一天下午，红卫兵和造反派们来到龙王庙，把庙内所有神像都砸毁了，一位村干部将神像衣服撕下损坏。他还命“四类分子”高万才（日伪时期溪源村任保长）将损坏的神像扔到戏台后裸露的山坡上。高万才极不情愿，他边扔边说：“这不是我的错，你要是灵验，就显验吧。”

当时，晴空万里，忽然天空一声炸雷，顿时乌云密布，大雨倾盆，不一会儿从老鸦沟就发下了洪水。洪水虽然不大，但把散落在半坡上的神像的残骸冲刷得干干净净，而后云消雾散，天气放晴。

20 多年后的同一天，高万才从当年扔神像的戏台后山处摔下死亡。而那位损坏神像衣服带头毁庙的人，自此家中一切不顺。后来当悟到原因，到庙里真心忏悔，洗心革面，才得以平安地生活。

2004 年 8 月 24 日下午，这天正是重修龙王庙开光大典之日。主持重修龙王庙的发起人之一刘有先生站在庙门前的台阶上自言自语地说："都说黑龙王灵验，你露一手让我们大家看看！"说时迟那时快，又是一声炸雷，一道闪电，把戏台后一棵半米粗的杨树拦腰劈为两截。在场的人无不瞠目结舌。

这或许只是一种巧合，但也寄托了当地百姓对黑龙殿的敬畏和崇敬之情。

按民间传说，农历三月十五是圣母古佛的诞辰，这一天也是女娲娘娘的诞辰；黑龙古佛的诞辰为农历七月十一日，而2004年重修龙王庙时又为龙王庙所有的神像重塑了金身，并于是年农历七月十一日举行了开光仪式，因此，溪源村的龙王庙每年农历三月十五和七月十一都要举行仪式进行祭祀，都要给龙王唱大戏，祈求龙王爷保佑国泰民安，风调雨顺。

注释：

(1) 霍汉清：《溪源古刹》，转自2014年3月20日张家口网。

龙门书院[1]

霍汉清

龙门书院与龙门寺一道始建于明末清初，在龙门山东坳，魁星楼下。清康熙八年（1669年）《保安州志》是这样记载的，龙门寺：在州西三十里。坐龙门左掖间，杨生之别业在焉。斋联有"云归山似鹤，风静水如琴"之句。它与龙门书院以过厅相隔，既为一体，又相互独立。书院共有主房三间，过厅两间，窑洞两孔。平时，进出书院走书院小门，遇有大的活动可走龙门寺正门。孔子画像设在龙门寺正门处。主房和过厅为教学所用，窑洞为教书先生居住。1950 年以后，这里为溪源村小学，20 世纪 60 年代，由于学生增多，把龙门寺正殿改为教室。1965 年增设高级小学班，1967 年 6 月份高级小学撤销，1971 年小学校迁到山下现村委会院内。至此，龙门书院结束了他 600 多年的历史使命。不久，与龙门寺其他殿宇全被拆除。龙门书院从它落成到拆除的 600 多年间，为溪源村和邻村培养了一批又一批的人才，清康熙八年《保安州志》的编纂者杨养正，清廪生支应昌、清末秀才霍仲霖皆在这里读书，杨养正在这里写下了《龙门叠翠记》、《龙门冰景记》等多篇脍炙人口的文章，编进了《保安州志》；清末举人，辛亥革命的先驱、后任河北省省政府副主席的吕复先生，中举前曾多次来到龙门书院静心苦读，后一举成名。现在溪源村 45 岁以上的人曾经大多都在这里读过小学。

龙门寺最初建有正殿三间，供奉三官大帝塑像。附属建筑有观音殿、玉皇阁，清咸丰七年（1857 年），又在三官殿右侧加盖了泰山圣母庙。至此，三官殿、泰山圣母庙、魁星楼、观音殿、玉皇阁和龙门书院构成一个完整的建筑群体，是为龙门寺。龙门寺的建筑非常精致，尤其是泰山圣母殿的壁画和塑像栩栩如生，是清末壁画中难得的艺术精品。龙门寺在文革中除奎星楼外被完全拆除，观音殿、玉皇阁在 2010 年修复魁星楼时在原址重建。值得一提的是，龙门寺还是儒、释、道三教合一的所在。整个龙门寺除了观音殿外所供奉的全部为道教神仙，然在龙门寺正殿前设有孔子牌位和画像；按常理说，这里应该为道观，而名称为龙门寺，且常年驻有和尚而不是道士。因此说，在溪源这个偏僻的山村，儒教、道教、佛教早在几百年前就融合在一起，和睦相处了。

注释：

(1) 霍汉清：《龙门书院》，转自 2014 年 3 月（8）日张家口网。

绝壁秘洞

曲辰

20 世纪的 70 年代，我在研究轩辕黄帝史迹的时候，就有人神秘地告诉过我，说：在溪源村的龙门峡上，有一个石洞，这个石洞上面是齐刷刷的悬崖，没有人能下得去，石洞下面，同样是齐刷刷的石崖，就如刀削斧劈的一般，根本难以攀登，而且下面就是很深的一个水潭，如若攀崖进洞，就有掉入悬崖下面深水潭丧命的危险！而完完整整地记载着轩辕黄帝史事的书，就藏在那个秘洞之中……

当时，我听了这话，笑了笑，什么也没说。

2011 年秋天，我与夫人唐淑云自带行李、粮菜、炊具，先在护路湾村、后在四顷梁村，对历山遗址、遗迹、残损文物等，进行有系统的调查和拍摄，过程中也听到龙门山峡上有石洞的神秘传说。不过，这次听到的，则与轩辕黄帝史事无关，而是同溪源村龙王庙中的黑脸龙王有关。

2012 年底，溪源村党支部、村委会聘请我给他们开展旅游当历史顾问，2013 年春节后我去溪源村制订开展旅游的规划，当然就更多地听到了关于龙门峡上有绝壁秘洞的事，同时也对此洞进行了观察和拍照：

这个绝壁秘洞，外口高约一米，阔约半米，被洞口石头缝中长出的山柴遮蔽得很难看见，只从龙门峡上方的斜侧面仔细观察，才能辨别出这个秘洞的洞口。

据说，过去溪源村中只有极少数胆大的小孩子们攀岩进入过这个秘洞。说是此洞高约两米，四壁整齐，浑然天成，可容数人，西边有一石炕，靠上有一天窗，从天窗俯视龙潭沟，能一切景物尽收眼底。秘洞的这种造型巧妙，有鬼斧神工之奇！若按此说，则此洞肯定是人工开凿，而非天然形成的溶洞。

随后，在对龙门峡南面寨山的调查中，发现寨山下面有地道，溪源村干部说地道通向了龙门峡……

联系到明初的《宣府镇志》记载龙门峡内滴翠岩原称“恶岩”，以及围绕历山的护路湾、上护路、下护路村名，以及山上的烽火台，我初步判断，这“绝壁秘洞”应该是古代的一种军事设施。至于是什么时代的设施，这里曾经发生过什么事件，因为我年逾古稀，没办法进洞察看，也只有存疑了。

龙潭翠霭

霍占春[(1)]

我孩提年代记忆中的龙潭沟，是两壁峭岩陡立，嵯峨相互对峙，状似天阙，被称作“龙门”。顺河而进，就是方圆百米的一个大石滹，村里人叫它是“四堰河”。后来，我从这里发现的古代砖瓦以及人们的传说中有很多寺庙才知道，这个“四堰河”事实上是

“寺院河”的谐音错写。

龙潭沟里有各种果树，枝繁叶茂，每到春暖花开的季节，就有一种世外桃园的感觉。桃花红，梨花白，争奇斗艳，姹紫嫣红。夏季，你可尽兴地抓鱼、捞虾米、采桑葚。一有暴雨，很多水流汇聚到一起再通过龙潭时，就咆哮排空，浊浪滔天。站在他的附近只要你深深地吸口气，你会感到沁人心脾的舒服，顿感身轻气爽。秋季，万里霜天，层林尽染。我们背上小板篓，扫树叶、捡落果、采蘑菇，一派田园丰收景象。冬季里更是另一番景象：从龙潭沟开始，一直延伸到桑干河边，五公里左右，一条冰川横铺于眼前。此时的龙潭沟在大自然雕塑下，俨然一座龙宫。我们戴上棉帽和围脖、跨上冰车、吹口隆冬的哈气。尽情地玩，跌倒、爬起，裤脚被打湿竟浑然不知。

最使人难忘的，就是龙潭沟中的雾霭了：在这龙潭沟内，常常翠霭飘留于峭壁之间，时浓时淡，似有似无，使得近处的农舍、树木、花草、道路、岩石，远处的魁星阁、龙王庙、笔架山，都一会儿朦胧，一会儿清新，如同海市蜃楼显现的一般。如此，便给这充满了神奇的龙潭沟，更增添了几分神秘感。尤其是到了夏秋之间，雨后初晴之时，这神奇的雾霭飘浮于龙门峭壁之间，越发青翠、可爱，这龙潭湖有了它，就像少女围了纱巾一样婀娜多姿，越看越好看……

注释：

(1) 霍占春，男，1956 年生于溪源村，1974 年高中毕业后回村务农，同年抽至原孙家沟公社任放映员，于 1981 年调至涿鹿财税局工作，现任涿鹿国家税务局公务员。先后取得中央财经学院和中央党校经济管理专业大专函授毕业资格证书。

尧舜遗诗

神人畅[1]

唐尧帝[2]

清庙[3]穆[4]兮承予宗[5]，
百僚[6]肃[7]兮于寝堂[8]。
醊祷进福[9]求丰年，
有响[10]在坐[11]，
敕予[12]为害[13]在玄[14]中。
钦哉[15]皓天[16]德不隆[17]，
承命[18]任禹[19]写中[20]宫。

注释：

（1）《神人畅》见于《古今乐录》、《琴论》等书。

（2）唐尧帝，帝喾高辛氏之子，轩辕黄帝玄孙，其母为帝喾之第三妃、陈锋氏之女，名庆都。尧因出生于太行山余脉之伊祁山

(地在今河北省完县城西二十多华里处)，故得姓伊祁。其母希望他能将上代的功业发扬光大，因而给尧取名曰“放勋”。其母庆都生尧之后，曾将其寄养于三阿之南的伊长儒家。尧长，先居之于陶丘(地在今山东省定陶县西南七华里)，后受其兄帝挚之封，为唐国侯，其封地在今河北省唐县城南八华里处。所以，后人依尧先居于陶丘，后受封为唐侯，便称其为“陶唐”。尧，是他死后所上的谥号。史家述史，依其封号、谥号相联而称，曰“唐尧”。

尧为唐侯之际，德泽于封地之民，众望所归；而其兄虽践帝位，却自觉治国不善，政声不张。故其兄在其即帝位九年，也就是其弟放勋业已长大成人之时，为国为民，审时度势，亲率群臣前往唐邑，禅帝位于唐侯，为国家选择了一位在中国历史上享有盛名的帝王。尧继轩辕黄帝之业，派官迎日占星，进一步调理阴阳，制定历法，定一年为三百六十六日，以闰月调整月之圆缺。同时，一再派官员专职负责，组织全国百姓，彻底根治水患，政绩卓著。晚年，经多方考察，征询民意，彻底打破了五帝时代在选贤任能、禅让帝位制度上禅嫡不禅庶的旧制，禅帝位于民间的平民姚重华，这就是后世所称的虞舜帝。因此到今天人们回顾这段历史时，还说：“尧天舜日，国泰民安!”

(3)清庙——祖庙。《神人畅》是唐尧帝率群臣在祖庙祭祖时，听到了响声而发的祝辞。“清庙”，即供有清明圣德之祖庙。

(4)穆——庄严、美好、肃穆。

(5)承予宗——承：崇奉；予：我；宗：祖宗。“承予宗”，崇奉我自己的祖宗。

(6)百僚——百官。

(7)肃——肃立。

（8）寝堂——祖庙前后的总称。古代的宗庙分成两部分：前面为庙，亦称庙堂。以像所供奉的先祖坐殿问政之处；后面的称寝，以像所供奉之先祖就寝安息之所。此两部分合称“寝庙”或“寝堂”。

（9）醊祷进福——祭祖祝祷以求增进福泽。醊，读 zhuì 缀，又读 chuò 辍，祭祖时以酒酹地之谓；祷，祈祷以告先祖之神；进，增进；福，福泽。

（10）有响——有响声。

（11）坐——同座。

（12）敕予——告诫我。敕，告诫；予，我。

（13）为害——灾害相侵。

（14）玄——玄冥之省称。玄冥，古为官名水正之称。此处以玄作为水的代称，言为洪水灾害。

（15）钦哉——敬叹之辞。

（16）皓天——同昊天。

（17）德不隆——德政不盛。此为尧自责之辞。

（18）承命——承受先祖之神命。

（19）任禹——任命伯禹。

（20）写中宫——写，宣泄；中宫，中国古代划分天区，亦以“宫”为称，古人又以天区与中国的地域相对应而谓地域位置。故，中宫之指，犹中原。写中宫，即治理宣泄中原地区的洪水。尧曾就治理洪水问题，征询过四岳之长的意见，四岳一致推荐鲧，尧认为鲧不胜此任。但四岳却责备唐尧：你没有用人家，你如何知道人家就不行？所以，尧只好“少数服从多数”任命鲧治水，由其他百官配合治水工程实施。鲧之治水，凡九年，法以堵，结果是越堵洪水越大，到处泛滥，为害更烈。尧命舜摄政后，听从了舜的建议，先处治了鲧治水无功、越治灾害越烈之罪，而后任命鲧之子禹继父治水。禹伤于父鉴，“三过家门而不敢入”，用疏通河道、导水入海之法，治水成功，因此受虞舜之禅而登上了帝位。

思情操(1)

虞舜帝(2)

涉彼历山(3)兮崔嵬(4)，
有鸟翔兮高飞(5)。
瞻彼鸠(6)兮徘徊(7)，
河水洋洋兮青泠(8)。
深谷鸟鸣兮莺莺，
设罥张罝(9)兮思我父母力耕。
日与月兮往如驰(10)。
父母远兮吾将安(11)归？

注释：

(1) 此诗是舜耕于历山之际，思念父母而不得见的情至之作。选录于《乐府·卷五十七·琴曲歌辞一》：《古今乐录》曰：“舜游(应为“耕”) 历山，见鸟飞，思亲而作此歌。”谢希逸《琴论》曰：“舜作《思亲操》，孝之至也。”

(2) 虞舜帝，轩辕黄帝之八世孙，随其生母姓姚，因重瞳，故名重华。先居于出生地姚墟，后世或称作“姚子屯”，今讹书作

“窑子头”，在舜都潘城西北三华里。后，尧帝下嫁娥皇、女英为其妻，居于潘城之西北的妫水拐弯处，史称“妫汭”。潘城，得名于斯城西南城墙内侧之潘泉。潘泉之名是得自泉水出泉时的盘旋回转之状况。潘泉水出泉后形成一潭，名曰龙湫，斯水东北流，称妫水，妫水经城西北处拐弯向东流，拐弯处即“妫汭”，自潘城东北出城，注入协阳关水北流，入于瀔水。故，唐贞观八年（634年）于此城置州治，就不用旧名北燕州，而以舜都古迹、妫水、妫汭之“妫”字，命曰妫州。

潘城遗址西北三华里，是为古姚墟（今名窑子头），姚墟之西是为历山。历山北部山顶，是一个山间洼蚀盆地，其耕田四百余亩，耕田周围岗阜围合，犹如城郭。此，是虞舜为民时耕耘过的地方，此地现仍存有供奉舜之生母的“历山圣母祠”。

在历山上，旧有尧庙、舜庙、鸿蒙寺、瞽叟祠，现只存遗址及遗址上的陶片和残砖破瓦。

舜在历史上以孝闻名，其父瞽，不辨好歹；其继母嚚，嫉而难以容人；其继母所生之弟名曰“象”，象傲而不念手足之情，每蛊惑父母加害于舜。每当此时，舜则谨慎避祸，过后仍孝敬父母、友爱小弟，其情如初。

舜年二十，以孝闻名于乡里。年三十，四岳之长荐之于尧帝，以德治天下之唐尧，下嫁娥皇、女英二女做舜妻，以观舜之治家。派九男跟从于舜，以察舜之处世为人。后，尧帝知其诚，使舜主事而事成，编入百官之列而百官敬。唐尧帝命舜摄政三十年后，荐于祖庙，禅其帝位。舜即帝位后勤于民事，凡五年一巡狩，阻止禹征三苗，将三苗一分为二，一留江南，一迁三危以防禹之加害。舜践帝位共三十九年，禅帝位于伯禹后南巡狩，崩于苍梧之野，葬于九嶷之山。

舜帝之后代受封为虞国，便以国为姓，史称有虞氏。舜，是其死后所上的谥号。由是，后世述史便依其后代爱封之国号与谥号，而称“虞舜”。

（3）历山——本名龙门山，是笔架山向东延伸之裔支，斯山因远古地震而形成的龙门峡而得称，在历史上由炎帝于山顶焚林垦荒，按其时“烈山而焚，竭泽而渔”的生产方式，史册记为“烈山”；炎帝之子柱继其父耕于斯山事，史官为防与其父事迹混，记史事而称之曰“厉山”；而当史籍记载舜耕之史事时，则称之为历山了。

（4）崔嵬——一指有石的土山，一指山的高耸貌，此诗中两者含义都有。

（5）有鸟翔兮高飞——天上有鸟在自由自在地高飞。

（6）鸠——古谓鹘鸼、尸鸠（布谷）之属，现代动物学分鸠与布谷为两类。

（7）徘徊——往返回旋之状。

（8）清泠——清越的流水声。

（9）设罥张罝——梦魂牵绕。

（10）日与月兮往如驰——时光过得很快。据史载，舜离家而耕于历山，有三年之久。

（11）安——此处用为“如何”之意。

卿云歌[1]

虞舜帝

卿云[2]烂[3]兮，
纠缦缦[4]兮。
日月光华[5]，
旦复[6]旦兮！

注释：

（1）此歌选自《尚书大传》。

（2）卿云——即“景云”，也称“庆云”。云现之于山巅，长时间安卧不动，呈现为自然奇景，故命之曰“景云”；景云在古人眼里是为吉祥瑞兆，可喜可庆，故又谓之曰“庆云”。史载黄帝因有景云之瑞，因而平叛战蚩尤于涿鹿之野，擒杀了蚩尤，由此便以云名而命百官公卿，所以就称其为“卿云”。对于不详史事者，感到这很“神秘”，乃至于不可信。其实，这是从古至今都存在于涿鹿县的一个小气候变化过程中的自然奇景，命之曰“黄阳雨笠”。

这个自然奇景的出现，是由于诸多地理、物理现象造成的：涿鹿，地处桑干河山间断陷盆地之中。桑干河流域由于地层受地质运动所致，断陷为盆地，而盆地中央则又崛起了地垒山地熊耳山，它低于其周围围合的各处山峰。盆地的形成，就控制了流域内的水系发育，如此，㶟水（今名桑干河）、于延水（今名洋河）、壶流河、清夷水（今讹称妫水河）等大小河流，从西、北、东三个方向都汇集到了涿鹿、怀来两县地方。而地形、水源的独特条件，给地方性小气候变化造成了独特的影响。如此，夏秋之季，盆地内充沛的水源蒸发出的大量水蒸气遇到低气压控制这个地域时，就很难逸散于空中，这时候就出现盆地内大雾弥漫的天气。而当由西北方运动而至的冷高压渐次进入该地域的时候，盆地内的雾气便得以慢慢上升，有了一定的逸散机会。由盆地四周沿山升起的大雾，向四周的天空中散去，但沿盆地中央熊耳山升起的大雾则只能聚拢在熊耳山巅，因其山低于四周高山，不能很快逸发，便在熊耳山顶形成一朵安卧于山巅的白云。这就是“景云”的出现。这朵景云最长会存在两三天，短的亦会在半天左右。而当由西伯利亚的冷高压控制盆地上空时，熊耳山上的白云就会升空，给桑干河流域造成一场暴雨。黄帝当年战蚩尤，就是巧妙地利用这一地方性小气候变化规律和自然景观的显示，用自然之力为兵，而战胜了蚩尤的。唯其如此，中国才有了黄帝以云名命官、黄帝有景云之瑞，以及《山海经》中半神话、半史实的关于黄帝战蚩尤的神秘记载。

“黄阳雨笠”自然景观，为古涿鹿县八大奇景之一。在民间，人们则称其为“黄阳山戴帽”。旧民谚这样说：“黄阳山，戴云帽，长工盼到歇心觉”，因为这个景云，是涿鹿天降大雨的前兆。

（3）烂——灿烂。

（4）纠缦缦——形容卿云纠集缠绕于山巅、萦回舒卷之貌。《史记·天官书》对卿云之景有极为准确的形貌描写：“若烟非烟，若云非云，郁郁纷纷，萧索轮囷，是谓卿云。”《竹书纪年》作“礼缦缦”，是为错误。

（5）日月光华——卿云之现，是在万里晴空、红日高照的天气中出现，并可一连持续几日。如此，白天阳光照射，云景便闪现出灿烂的色彩；夜晚，有明月照射，洁白明亮。故言日月光华，并借景抒情，一语双关，喻指轩辕黄帝开创的文明国家制度犹日月丽天，光华永照。

(6) 旦复旦——一天又一天，一年又一年。《卿云歌》是舜帝择日祭祖，正式禅帝位给禹之时，对禹及群臣有感而发、喻以深意而唱出的，其歌旨在寄语伯禹继承帝位后，好生治国，将轩辕黄帝开创的功业发扬光大，传之久远，昌盛而不衰。因此就以卿云为题，而高唱："日月光华，旦复旦兮！"

南风歌(1)

虞舜帝

南风(2)之薰(3)兮，
可以解吾民之愠兮(4)；
南风之时(5)兮，
可以阜(6)吾民之财(7)兮！

注释：

(1) 此歌选自《孔子家语》。

(2) 南风——东南风的简称。《吕氏春秋·有始》："东北曰炎风，东方曰滔风，东南曰熏风，南方曰巨风。"

(3) 薰——薰风，一般书作"熏"，此为春季之风，会带来雨水，有利于农作物生长。

(4) 可以解吾民之愠兮——愠，含怒，怨恨。民以食为天，民之喜怒在于是否能得温饱。春天刮起东南风，春风化雨，民得农作物丰收，自然就喜悦。所以，南风之熏，就可以解民之“愠”。

（5）南风之时——和熏的东南风依时令而起。时，指农耕时令。

（6）阜——盛多、丰富。如“物阜粮丰”语。

（7）吾民之财——我老百姓的财富。

咏赞古诗

帝尧赞[1]

曹植[2]

大德统位[3]，
父则高辛[4]。
克平共工[5]，
万国同尘[6]。
调适阴阳[7]，
其惠如春[8]。
巍巍成功[9]，
则天之神[10]。

注释：

(1) 此诗选自《曹子建集》。

(2) 曹植，曹操之子，字子建，受封为陈王。十岁善属文，援笔立成文章，甚为操所爱。文帝素忌其才，欲害之，令作诗，限七步内成。植应声曰：“煮豆燃豆萁，豆在釜中泣。本是同根生，相煎何太急?”既就国，每欲求见于帝，冀能试用，但终不得，怅然绝望，遂发疾卒，谥思。世称陈思王。

(3) 大德统位——以唐尧巍巍之功颂以大德。后世，帝王们活着的时候，也要自己给自己定个什么“德”，且按夏代才有的金、木、水、火、土。所以，《太平御览·皇王部》所引，就变成了“火”德，意思是说唐尧以火德而继大统。

(4) 父则高辛——高辛即帝喾。五帝时代的选贤任能禅让帝位制度，唯有帝喾一人按嫡庶之分，依“内举不避亲，外举不避仇”的原则，将帝位授予其子姬挚，姬挚执政九年，自认为治国才能不及其庶弟放勋，就率群臣至唐国，授国于唐侯放勋，这就是帝唐尧。

(5) 克平共工——共工，其人好争权而不愿做事，尧即帝位十九年时曾任用共工治水，然共工非但治不好，反每结交不法者作乱，“怙恶不悛”，因而不得不将其流放于幽州。因此《太平御览》载之为“克流共工”。

(6) 万国同尘——同尘犹同风、同轨之义。指消除怙恶者后，天下人都重德和谐，太平安然。

(7) 调适阴阳——指尧命羲仲、羲叔、和仲、和叔等官观察日月、修定历法，以利于指导农耕生产之事。

(8) 其惠如春——其所施的恩惠，使人感到像春天般的温暖。

(9) 巍巍成功——五帝时代，尧对社会文明建设的贡献确实是巨大的。

(10) 则天之神——则天，以客观自然规律为办事总则。尧之则天，由于其主观自觉，故运用如神。

帝舜赞[1]

曹植

颛顼[2]之族，
重瞳[3]神圣。
克协顽嚚[4]，
应唐洽政[5]。
除凶举俊[6]，
以齐七政[7]。
应历受禅[8]，
显天之命[9]。

注释：

(1) 此诗选自《曹子建集》。

(2) 颛顼——颛，读 zhuān 专，顼，读 xù 旭，姬姓，名高阳，按《史记》之载，是为黄帝之孙，昌意之子。但这种记载同最古老的史料是有出入的。倘若按《竹书纪年》以及《山海经》等书的记载，则为黄帝之曾孙，昌意之孙。颛顼在佐少昊治国处理政务之时，就显露出了其卓越的才华与高尚品格："静渊以有谋，疏通而知事，养材以任地，载时以象天"，因而被青阳（少昊）选为帝位继承人。是为"五帝时期"的第二帝，实为第三代掌权治国者。

(3) 重瞳——按史籍记载，帝舜眼睛有两个重合的瞳仁，因名重华。

（4）克协顽瞽——舜父名瞽叟，顽而不明事理，舜母早死，瞽叟续娶之后妻生子曰“象”，瞽叟钟爱后妻及其所生之子“象”，常欲设谋害死舜，舜大孝，遇小惩则受，遇性命难保则逃，不陷父于不仁，最终以孝闻名于天下而受唐尧帝选贤禅以帝位继承，是“五帝时期”的第五帝，实际是第七代掌权治国者。

（5）涖政——涖，通莅，亲临，涖政，即亲政。

（6）除凶举俊——指帝舜流四凶举八恺、八元史事。

（7）七政——关于七政，历史上的说法不尽一致，我们认为，应以“春、秋、冬、夏、天文、地理、人道”之“七”，较为合理。

（8）受禅——“五帝”历史时期，以民为本，上至帝王下至百官，对于由在位帝王以选贤任能的标准，进行治理国家的帝位传承制度，称作“禅让”。对接受帝位之传，就叫作“受禅”。

（9）显天之命——天命，原本是中国古典哲学之中的一个名词，专指客观自然规律。自夏禹颠覆了“五帝时期”选贤任能的帝位禅让制度，建立起“父传子袭”的“家天下”独裁专制政治制度之后，就“神道设教”愚民以治，登帝位就被说成是受上天之命而为。

叠翠岩[(1)]

（二首）

赵秉文[(2)]

枯枿[(3)]似黔突[(4)]，
断崖[(5)]如削瓜[(6)]。
林深自风雨[(7)]，
地古更烟霞[(8)]。
脚力[(9)]行将尽[(10)]，
云山殊未涯[(11)]。
试穷千里目，
直北际龙沙[(12)]。

其二

帐殿[(13)]临青嶂[(14)]，
苍崖劈翠烟[(15)]。
孤根蟠厚地，
秀色入遥天。
井[(16)]有四时雪，
岩垂万古泉[(17)]。
皇情非暇豫[(18)]，
问俗[(19)]到山川。

注释：

（1）此诗选自清道光乙未年《保安州志》。

（2）赵秉文（1159～1232），字周臣，自号闲闲居士，磁州滏阳（今河北磁县）人。金世宗大定二十五年（1185年）进士，一生仕五朝，官至礼部尚书，兼侍读，同修国史。哀宗天兴元年（1232年）病卒。著有《滏水集》、《易从说》。

（3）枯枿——枯树的老根。枿，读niè捏，同蘖。《水经·沅水注》：“〔氾洲〕吴丹阳太守李衡植柑于其上……今洲上犹有陈根余枿，盖其遗也。”

（4）黔突——墨黑如烟囱。黔，黑色；突，灶突的省称。

（5）断崖——指龙门峭壁。

（6）如削瓜——形容词，就像用刀削瓜一样的齐。

（7）林深自风雨——言其林木茂密，岚气缭绕所由。

（8）地古更烟霞——极言其云遮雾罩的苍茫之貌。

（9）脚力——行走的气力。

（10）行将尽——快要走不动了。

（11）云山殊未涯——还看不到这叠翠岩的边际。

（12）龙沙——泛指塞北沙漠。“直北际龙沙”句，言龙门叠翠之岩是连着塞北广漠大地的。

（13）帐殿——用毛毡搭建的居住、办公大殿。北方游牧民族的帝王、军队统帅在外出巡幸、作战时，都用此能随时拆卸、组装的临时居所。

（14）临青嶂——紧挨着险峻的山崖。嶂，险而高，如屏障一般的山峰。如层峦迭嶂。范仲淹《渔家傲》词：“千嶂里，长烟落日孤城闭。”

(15) 翠烟——指龙门峡叠翠岩中的岚气。

(16) 井——指叠翠岩下面的龙潭沟，是处四面峭壁围合，看上方的青天只有不大的一块，其地形犹如天井。

(17) 古泉——此指“龙门三叠青泉翠”之景中的瀑布。

(18) 暇豫——闲暇无事的游乐。暇，闲；豫，玩乐。皇情非暇豫一句，是说：皇帝不是闲得没事干而到此处玩乐。

(19) 问俗——访问民间风俗习惯。

龙潭[(1)]

刘因[(2)]

盘磴[(3)]脱交荫，
平坛得高岑[(4)]。
高岑不可攀[(5)]，
足湍激幽音[(6)]。
穷源岂不得[(7)]，
爽气来骎骎[(8)]。
灵润发山骨[(9)]，
沮洳[(10)]下崖阴。
为问石上苔：
妙理谁曾寻？
乾坤有乾溢[(11)]，
此水无古今。

下有灵物[12]栖，
倒影毛发森[13]！
山北旱连岁，
呼龙[14]动云林。
顾此[15]百丈潭，
岂无三日霖[16]？
为霖此呈能[17]，
日暮碧云合，[18]
空山深复深[19]！

注释：

(1) 此诗选自清乾隆八年《宣化府志·艺文志》。

(2) 刘因——元朝容城人，初名骃，字梦骥，后改今名，官梦吉，号静修。天资绝人，才器超迈。父早丧，事继母孝，至元中不忽木以学行荐于朝，擢右赞善大夫。后，以母疾辞归。卒，谥文靖。著有《静修集》、《四书集义精要》。

(3) 盘磴——盘山石阶道路。

(4) 平坛得高岑——祈雨祭坛是可以如高适与岑参一样赋诗的。

(5) 高岑不可攀——唐朝诗人高适与岑参是不可高攀和比附的。

(6) 足湍激幽音——脚下应该有湍激的流水之声隐隐传出。

(7) 穷源岂不得——穷寻水源哪有不得之理呢？穷，寻求到尽头。如《易·说卦》：“穷理尽性，以至于命。”

(8) 爽气来骎骎——指山雨将来之际那种凉爽的空气急速地出

现。骎，读 qīn 侵。骎骎，马匹速行之貌。如范成大《大暑行含山道中雨骤至》诗：“骎骎失高丘，扰扰暗古县。”

（9）灵润发山骨——润物的好水是发自山石之中的。灵，好。《诗·鄘风·定之方中》：“灵雨既零。”郑玄注：“灵，善也。”

（10）沮洳——低湿之地。

（11）乾坤有乾溢——天地之中自然会有天空中的溢出物。在《易》经中，乾卦代表天，坤卦代表地，故以乾坤代指天地之间。

（12）灵物——神灵之物。

（13）倒影毛发森——龙潭深水中的倒影好像是灵物身上阴森的毛发。

（14）呼龙——祈求和呼唤能兴云布雨的龙王。

（15）顾此——看此。

（16）岂无三日霖——难道还不能够下三天的甘霖？霖，久雨之称。《左传·隐公九年》：“凡雨，自三日以往为霖。”

（17）为霖此呈能——为了能祈求天降甘霖而呈现自己诗词。

（18）日暮碧云合——此借用《江文通集四·休上人怨别》诗“日暮碧云合”，想象到了日暮之时，会出现碧云四合、天降甘霖的情景。

（19）空山深复深——云布天空，时至日暮，光线很暗，此时的山谷显得很深、很深！

溪源村的龙潭沟有黑龙修行之说，言其先住山洞，后来有人建龙王庙，更有祈雨灵验诸说，此诗观其全篇，是为山北连年大旱而到龙潭筑坛祈雨之作。由此可证龙潭沟历史上有祈雨活动，或为真事，而非虚传。

妫川[1]

李溥光[2]

路旁观谷遍高原[3]，
沧海生桑[4]复几年。
妫汭[5]旧名疑尚尔[6]，
汉唐遗垒[7]故依然。
断碑藓蚀[8]有邻笔，
尚临香飘玉□□[9]，
远山黛从穷往迹[10]，
螺山[11]叠翠[12]冷摩天[13]。

注释：

（1）此诗选自清乾隆八年《宣化府志·艺文志》。

（2）李溥光——（1264～1307），又名释溥光，一作普光，字玄晖，号雪庵。山西大同人，生活于元代，是为元代高僧、书法家，至元、大德年间以楷书大字名世。喜读书，经传子史，无不淹贯。

（3）路旁观谷遍高原——此高原与现代所用“高原”一词词义不同，此泛指一般高地。

（4）沧海生桑——变“沧海桑田”词意而用之，言古今世事变化之大。

（5）妫汭——唐尧、虞舜历史时期，唐尧下嫁与虞舜为妻的两个女儿娥皇、女英居住之地地名，即妫水出泉流经潘城西北转向东流的拐弯之处。

(6) 疑尚尔——尚有存疑。

(7) 遗垒——同遗迹。

(8) 藓蚀——苔藓的侵蚀。

(9) □□——原印刷中，由于纸屑挡墨造成的缺字。

(10) 远山黛从穷往迹——遥观历山而追寻历史的旧迹。依据前句“妫汭”所提，知此是观妫川远处的舜耕之历山，欲追寻舜帝史事旧迹意。

(11) 螺山——历山。

(12) 叠翠——指历山下龙门峡处三叠瀑布。是处山体名“叠翠岩”。

(13) 冷摩天——诗中的形容用语，认为山高而涌瀑布，故言其“冷”而摩天。

妫州(1)

陈孚(2)

榆林青茫茫(3)，
塞烟三十里(4)。
忽闻鸡犬声，
见此千家市。
人言古妫州(5)，
残城无乃是(6)。

民家坐土床[7]，
嬉笑围老稚[8]。
粝饭[9]佐山葱[10]，
劝客言有喜。
足迹半天下，
爱此俗淳美。
醉就软莎眠[11]，
梦游葛天氏[12]。

注释：

(1) 此诗选自清乾隆八年《宣化府志·艺文志》。妫州，唐置，下辖一县怀戎。州、县治汉潘城，也就是古唐尧、虞舜时的都城，《世本》载：尧帝“契，居潘”。妫州之称，因源自城中潘泉的妫水而得，帝尧二女娥皇、女英嫁舜后居于妫汭。今为河北省涿鹿县保岱镇。

(2) 陈孚——（1259～1309），浙江临海县太平乡石唐里（今白水洋镇松里）人，字刚中，至元中以布衣上《大一统赋》，署上蔡书院山长，调翰林国史院编修官，摄礼部郎中。副梁曾使安南，世子陈日燇不出郊迎，又不延使由阳中门入，陈孚三次作书责之，词直而气壮，迄不辱使命。使还，除翰林待制。大德中，历台州路总管府治中。卒，追封海临郡公，谥文惠。

陈孚天才过人，性任侠不羁。其为诗文，大抵任意即成，不事雕琢。有《观光》、《交州》、《玉堂》诸稿。

(3) 茫茫——有引作“莽莽”者，言榆林如海，苍茫不见边际。

(4) 塞烟三十里——边塞岚气三十里。塞，边塞。古妫州，今涿鹿，地处内长城之外，历为边塞重镇。三十里，指从奉圣州到古妫州旧治的三十华里路程。

(5) 人言古妫州——元陈孚诗中言妫州时，去妫州移治清夷军城已600多年，故，人们谈到妫州，已不仅言之为“古”，而且传之恍惚了。

(6) 无乃是——莫非是。口气委婉。如《左传·隐公三年》：“去顺效逆，所以速祸也。君人者将祸是务去而速之，无乃不可乎?”

(7) 土床——北方居民所盘的、能烧柴取暖的火坑，也称土炕。凡南方人见都感到奇怪。如湖北籍当代作家梅洁于一个大雪天第一次到婆家蔚县，公婆热情地将梅洁让上炕头后，抱柴在炕灶点火烧炕，就将梅洁吓了一跳。

(8) 老稚——老幼。

(9) 粝饭——粗米饭。

(10) 佐山葱——就着山葱吃饭。

(11) 醉就软莎眠——设想之句：如果酒醉之后躺在松软的莎草上睡觉。莎，一种草，书作莎草，民称莎蓬，茎细而密，晒干后堆积起来，躺在上面会感到很松软。

(12) 梦游葛天氏——传说中古帝号，在伏牺氏之前。古人认为葛天氏时代是无为而治，民风极其淳朴，自然。诗人借此以言古妫州之民民风淳朴、善良、好客。到了此地，就如同回到了古葛天氏时代。

春日妫州东上[1]

郭登庸[2]

鸣鹳[3]登高树，
归牛罢远耕[4]。
边风初布暖[5]，
野意半含晴[6]。
水动[7]浮云耀[8]，
山迎反照明[9]。
北瞻旌旗色[10]，
斜拂汉长城[11]。

注释：

（1）此诗选自清乾隆八年《宣化府志·艺文志》。

（2）郭登庸——明代浙江山阴（今绍兴）人，字汝征，正德进士，嘉靖中任湖广提学副使，性严明刚介，人不敢干以私。终佥都御史，与许宗鲁齐名。

（3）鹳——读 guàn 贯，鸟纲，鹳科各种类的通称。大型涉禽，形似鹤，亦似鹭。嘴长而直，翼长大而尾圆短，飞翔轻快，常活动于溪流近旁，夜宿高树。主食鱼、蛙、蛇和甲壳类。

（4）归牛罢远耕——前两句诗，不仅为我们画出了一幅有动有静、有声有色的农村水墨画，而且点出了时间是在傍晚时分。特别是这“归牛罢远耕”之句，是一幅很有农村生活气息的温馨画面。

（5）边风初布暖——边塞之地的春风开始给人以温暖的气息。

（6）野意半含晴——此句原意并非讲天气的阴晴，而是说在日暮之前，天色还是比较明亮的。

（7）水动——此指桑干河水在流动着。

（8）浮云耀——水的流动，造成天空浮云的倒影，亦因光线之动而闪耀了起来。

（9）山迎反照明——山因为其高，落日余晖照在山上，与大地上因无光照而暗的两相对比中，就显得山峰越发地光亮了。

（10）北瞻旌旗色——这是诗人想象中的一种描写，因为妫州以北便是边关。

（11）斜拂汉长城——军旗在风吹的飘动中，轻轻地拂拭着秦汉间修筑的长城。

龙门暖翠(1)

晏璧(2)

龙门(3)高峙势如悬，
青削芙蓉(4)带暖烟(5)。
百仞洪崖丹照日，
千章(6)乔木绿参天。
神蛟高跃桃花浪(7)，
嘉谷骈生(8)黍稷田。
赫赫皇威振胡虏(9)，
不须神箭定三边(10)！

注释：

（1）此诗选自明正德年间王崇献编纂的《宣府镇志·艺文志》。

（2）晏璧——明朝庐陵（今江西吉安）人，字彦文，永乐年间为徐州判官，历迁到山东按察司佥事，夙擅文名，写涿鹿风物诗颇多。

（3）龙门——指今涿鹿县武家沟镇溪源村的龙门峡。

（4）芙蓉——本指莲荷，此处用以形容山岩绝壁。

（5）暖烟——此指悬崖在日照下形成的岚气，义如暖翠。

（6）千章——同千嶂，形容像屏障一样的山崖。

（7）神蛟高跃桃花浪——远看龙门峡及其周围盛开的桃花，犹如彩色的波涛一样，起伏在参差的山野之间。

（8）嘉谷骈生——茁壮生长的农作物称之为嘉谷；两马并驾一车称骈，此处的“骈生”指一谷双穗。

（9）赫赫皇威振胡虏——此为歌颂明朝初年北边稳定之句。

（10）不须神箭定三边——在山西、河北一带，明朝初年就有神话宋代名将杨业之事，北将与杨业谈和，可让出所略一箭之地。杨业应允，于是，弯弓搭箭，一箭穿山而过三关。北兵只好退出三关，永不相侵。后世又演绎为杨六郎一箭定三边。此处是说明朝边关稳定，再也用不着像杨家将那样耗费心力了。

龙湫[1] 钓月

晏璧

湫潭澄碧浸瑶空[2]，
坐对姮娥[3]放钓筒。
灵兔澡身龙伯国[4]，
老蛟[5]炼魄广寒宫。
羊裘莫辨[6]严陵客[7]，
熊兆[8]谁知渭水翁[9]？
天上桂枝如可折，
银河不与海槎通[10]！

注释：

（1）此诗选自明正德刻本《宣府镇志·艺文志》。龙湫——舜都潘城西南城墙下有潘泉。潘泉水出泉后形成的水潭，后世称之为“龙湫”，“龙秋钓月”是为涿鹿古八大奇景之一。潘泉水出龙湫之后向东北流，称妫水，妫水在潘城西北拐弯的地方，称“妫汭”。

（2）湫潭澄碧浸瑶空——写湫潭之水浸泡到了空中的瑶池仙界（倒影），接下来，全诗者依天水相合而加以描写和议论。

（3）姮娥——嫦娥。姮，读 héng 恒。

（4）龙伯国——犹谓龙宫。

（5）老蛟——老龙。

（6）羊裘莫辨——诗人由诗题“钓月”而联想到的历史典故：

后汉严光，本姓庄，余姚人，少有高名，曾与光武帝刘秀一起游学，及至刘秀即帝位，改为严姓，易名曰“遵”，刘秀思其贤，召而不见。寻之者，于严陵滩见一男子披羊裘而垂钓，由其不辨而错过了寻得之机。

(7) 严陵客——指严光。

(8) 熊兆——文王得姜尚故事：周文王将出猎，卜一卦，其辞曰：“所获非龙非彲，非虎非罴，所获者，霸王之辅。”后，遇姜尚。此诗中所言，盖由小说中称引，言文王梦见飞熊，于渭水河得见正在垂钓的姜尚。

(9) 渭水翁——指太公姜尚。

(10) 银河不与海槎通——诗人由天水混一、真假难辨，复归议论到真即真，假则假，真假不能相混，银河不与海槎通！海槎，用竹木编成的渡水筏子。

笔架彩霞[1]

晏璧

山如笔架露锋芒，
霞彩[2]烘蒸万丈长。
管子[3]城头[4]呈秀色，
中书阁[5]上炯文光！
祥云[6]冉冉昭蓬岛[7]，
化日融融动朔方[8]。

绝顶[9]高秋凝望处，

手披云汉[10]抉天章[11]！

注释：

（1）此诗选自明正德年间的《宣府镇志·艺文志》。

（2）霞彩——此指笔架山上空出现的晚霞。

（3）管子——毛笔的别称。此处特指建于保安州南城墙象征毛笔的细而高的砖塔。据《保安州志》记载：明代及其以前，州人为祈祷州境蔚成文风，在保安州城南城墙上面建了一座细而高的砖塔，象征一支巨笔，正对城西南的笔架山，以喻有笔有架，佑州境世代学子高中，文风不衰。

（4）城头——指保安州州城（今涿鹿城）的城头。

（5）中书阁——“中书”，官署名。元朝及明初，中书省统领六部百官，实为内阁。

（6）祥云——指笔架上空的彩云。

（7）蓬岛——蓬莱仙岛。

（8）朔方——北方。

（9）绝顶——山的最高峰。

（10）云汉——指高空，犹云霄。

（11）天章——像天上日月星辰一样的放着华彩的文章。

笔架彩霞[1]

沈存德[2]

明霞[3]如绮[4]烂高天，
山学浓装染黛鲜。
日下依稀[5]凝海蜃[6]，
雨余[7]氤氲[8]湿炉烟[9]。
泉飞瀑布来何地[10]？
金削芙蓉自几年[11]？
我欲登临最高处，
仅收佳胜[12]入诗篇！

注释：

（1）此诗选自清康熙八年《保安州志·卷八·艺文考》。

（2）沈存德，明朝嘉靖戊戌进士、锦衣卫经历沈鍊的后代，拔贡生，清康熙初年，任太仆寺主簿。

（3）明霞——明亮的彩霞。

（4）如绮——如同华丽的绮锦。

（5）依稀——仿佛。

（6）海蜃——海市蜃楼。

（7）雨余——雨后。

（8）氤氲——空气与光色混和、动荡、变幻貌。如张九龄《湖口望庐山瀑布泉》诗：“灵山多秀色，空水共氤氲。”

(9) 湿炉烟——犹如湿柴入炉生火一样，不见火光，而只有一缕缕烟雾冒出。

(10) 泉飞瀑布来何地——面对神奇的笔架山，人人都会提出各种好奇的疑问，不知道它是如何形成的。此句指笔架山对面的“龙门三叠”之景。

(11) 金削芙蓉自几年——就像刀削斧劈、人工制造出笔架一样的大山，距今究意有多少年了？芙蓉，荷花的别称，但古人形容秀丽的山峰时，多依荷花花瓣与山峰联想，谓秀丽的山景为“芙蓉”。

(12) 佳胜——佳物胜景。

笔架明星(1)

李东阳(2)

笔架山形奇且牢(3)，
上与列宿如相遭(4)。
光华照地夜初白，
苍翠插空秋正高。
太白(5)登楼手可摘，
杜甫上天诗更豪。
乡人翘首望山斗，
我亦念之心孔(6)劳。

注释：

（1）此诗选自 1983 年岳麓书社出版的《李东阳集》，第 315 页。

（2）李东阳，字宾之，号西涯，谥文正，生于明英宗正统十二年（1447 年）六月初九日，祖籍茶陵，官至吏部尚书。卒于明武宗正德十一年（1516 年）七月二十日，葬于北京城西宛平县的畏吾村。

（3）笔架山形奇且牢——言其山的奇特形状，乃天然形成，与日月同辉。

（4）上与列宿如相遭——山之高与天上的星宿相遭遇。

（5）太白——一语双关：一指唐朝诗人李白，李白字太白；二指天上金星太白，以此代指天上众星。

（6）心孔——犹心眼，谓见识与眼力。

登楼望笔架山[1]

刘必绍[2]

登楼[3]看此山，
山形如文具。
川原[4]焕[5]锦笺[6]，
云汉[7]成章句[8]。
关月挂灯明[9]，
桑溪汲水注。
管城[10]时可投，
还写筹边赋[11]！

注释：

（1）此诗选自清康熙八年《保安州志·卷八·艺文考》。

（2）刘必绍，山东文登人，恩贡。初任保安知州，明万历十年升任陕西平凉府同知，由于士民保留，改为保定府同知兼管保安州事。在任八年，修建文庙、牌坊，创辑州志，开浚渠堰，修葺仓廒，捐置义冢，开观德圃，创建惠民药局等，使州内百废俱兴，而日无宁暇。故，州人崇祀于名宦祠。

（3）登楼——登临保安州城内文昌阁。

（4）川原——大地。

（5）焕——鲜明。

（6）锦笺——精美的纸张。笺，读 jiān。

(7) 云汉——犹云霄。

(8) 章句——文章的章节和句子。《文心雕龙·章句》:“夫人之立言,因字而生句,积句而为章,积章而成篇。”

(9) 关月挂灯明——边关的月亮犹如挂起一盏明灯。

(10) 管城——管城子的省称。管城子,毛笔的别称。

(11) 筹边赋——诗人自励句:筹谋边陲建设的大文章。筹,谋划与办理;边,边陲;赋,文体的一种,文兼诗歌与散文的特点,讲究文采,不歌而诵,读之朗朗上口。

对笔架山勉诸生(1)

刘必绍

山势(2)峙西南(3),
书斋(4)相对处。
鸡鸣(5)惊夙兴(6),
燕尾(7)摇清观(8)。
秀拥(9)管城毫(10),
苍挥毛颖(11)助。
操觚(12)愿诸生,
莫放流光去(13)!

注释:

(1) 此诗选自清康熙八年《保安州志·卷八·艺文考》。此诗是因为时任保安州知州的刘必绍勉励州学中诸生努力学习的诗作,所以，诗句中都巧妙地用州城周围的山名、河名等景物以励学子之志。是一首难得的涿鹿励志诗。

（2）山势——指高耸的笔架山势。

（3）峙西南——笔架山在保安州城西南20华里处，海拔1273公尺。

（4）书斋——书房、学舍。此处指保安州城中的学堂。

（5）鸡鸣——借保安州城城北之鸡鸣山以喻“闻鸡起舞”之典故。

（6）夙兴——平生夙愿之兴致。

（7）燕尾——保安州城之东约十五里，是桑干河与洋河汇合处，因其河流形状像燕尾，故名“燕尾河”。此以燕尾河之地名，以联《诗·大雅·文王有声》中“燕翼”之典。

（8）清观——清楚的景象。

（9）秀拥——美好的拥抱。

（10）管城毫——管城子，毛笔的别称。此指州学正对着和南城头之象征巨笔的砖塔；毫，毛笔头上的毫毛。至此，诗人将州城西南、正北、正东、正南四景物名称点到，其中心，就是以其州学四周景物“勉诸生”奋发有为，努力学习。

（11）苍挥毛颖——苍劲有力地挥动手中的毛笔。颖，尖端。如脱颖而出。

（12）操觚——拿起酒杯以示祝愿。觚，读gū孤，古代的酒器。青铜制作，细腰，高圈足，喇叭形口。

（13）莫放流光去——切莫白白地浪费了转眼即逝的大好时光。

龙湫湛碧[1]

熊伟[2]

灵湫[3]神物在[4]，
水净碧于苔。
流与沧冥[5]汇，
源从邃古[6]开。
乘时覃雨露[7]，
及候隐风雷[8]。
人切云霓望，
宁须祀祷催。

注释：

(1) 此诗选自明正德年间的《宣府镇志·艺文志》。

(2) 熊伟——字彦青，宣府人。弘治九年（1496年）进士，弘治十三年（1500年）被荐治理边关。正德十三年（1518年）论功迁右佥都御史，赴大同任。一年后罢官回乡，著有《双溪诗文集》。

(3) 灵湫——指潘城遗址上之潘泉。按《宣府镇志》载，此泉出泉后为一潭，人称“龙湫”。

(4) 神物在——民间传言湫中有怪物、神物等。

(5) 沧冥——海水弥漫貌，犹沧海。冥，应书作溟。

(6) 邃古——远古。亦书作“遂古”。

(7) 覃雨露——延及雨露。

(8) 隐风雷——泉水出而无风雷。

黄阳雨笠新编[1]

熊伟

黄阳形势枕长干[2]，
翠入云霄[3]万叠寒。
日射丰澜[4]穿石壁，
云蒸灵雨湿螺鬟[5]。
猿愁陡绝牵萝上[6]，
人爱空蒙柱笏[7]看。
不信神工图变幻，
谁将席帽[8]肖巑岏[9]。

注释：

(1) 此诗选自清康熙八年《保安州志·卷八·艺文考》。

(2) 长干——长河之岸。此指桑干河北岸。

(3) 翠入云霄——青翠的黄阳山峰直插云霄。

(4) 丰澜——丰盈的波澜。

(5) 螺鬟——本此古代妇女头上梳的发髻，此处用指黄阳山顶的云帽。

(6) 猿愁陡绝牵萝上——形容黄阳山高而陡峭，连猿都愁其难上而牵着藤萝攀登。

(7) 笏——本指古时大臣朝见帝王时手中所执的狭长板子，此处用指百姓登山用的手杖。

(8) 席帽——草帽。此指黄阳山头上的云帽：“是谁将自己头上的草帽戴在了黄阳山头去俏打扮它呀?”

(9) 巑岏——山峰高大锐峻貌。如《楚辞·九叹·惜贤》：“登巑岏以长企兮。”张铣注：“巑岏，山之峻大貌。”

笔架彩霞[(1)]

朱维熊[(2)]

当年巨笔梦如椽[(3)]，
留得床形距上巅。
位列三台[(4)]星斗并[(5)]，
花天五色绮云偏[(6)]。
劈开剑阁峰如戟[(7)]，
跃入龙门浪自天[(8)]。
莫道边陲风土朴[(9)]，
文章原自在山川[(10)]！

注释：

(1) 此诗选自清康熙五十年《保安州志》。

(2) 朱维熊，保安州人，系朱光之子，字兆公，康熙壬子举人(1672 年)，官历江西广信府（治所在今江西上饶县）知府，其诗作颇丰。

(3) 当年巨笔梦如椽——保安州城头所建象征巨笔的砖塔至清初已毁而不存，故诗人只能去“梦想”了。

(4) 三台——星名。有上台、中台、下台之分，两两相比，共有星六颗。起自文昌，列抵太微。在天人合一思想指配下，古代帝王之下立太师、太傅、太保为“三公”，以比天上的“三台”。

(5) 星斗并——与天上的星斗并列。此句“位列三台星斗并”的诗意，是说笔架山这个“笔架”，一眼望去，在高高的天上，与众星斗在一起。自古，是学而优则仕，诗言文方之宝的“笔架”山，由其“文”、其“笔”、其“高”，就很自然地与天上的“三台”人间、朝堂的“三公”联系在一起了。

(6) 花天五色绮云偏——山花开在了天上，就在云的旁边。上句言夜间之笔架山，此句言白天的笔架山。

(7) 劈开剑阁峰如戟——此形容笔架山三峰并秀之状。

(8) 跃入龙门浪自天——由笔架、笔、学习、学子联系到了科考、跃龙门，这就自然又说到了“龙门三叠翠”之景的龙门。由于龙门峡中的瀑布从高山峭壁上，经三叠而才冲出龙门，故有“跃入龙门浪自天”之语。“浪自天”不是形容，而是写实。

(9) 风土朴——风土人情，朴实无华，“民喜则倾心，怒则张剑”之所谓。

(10) 文章原自在山川——一语双关，画龙点睛，由此笔架在山川中，点出好文章在实践中，在山川里。读万卷书、行万里路，此之谓也。

龙门叠翠[1]

朱维熊

瀑布飞来万斛[2]珠，
层层曲磴[3]泻葫芦[4]。
登龙[5]不羡青州守[6]，
点额[7]如披碣石[8]图。
暑重凉生冰雪谷[9]，
冬深寒铸水晶壶[10]。
少年载酒曾经赏[11]，
回溯风情[12]快舞雩[13]。

注释：

(1) 此诗选自清康熙八年《保安州志·艺文志》

(2) 斛——古代量器名，斛，读 hú 壶，十升为一斗，十斗为一斛。

(3) 曲磴——指弯曲的山石台阶。

(4) 葫芦——指上葫芦村，在溪源村外。

(5) 登龙——此以“鲤鱼跃龙门”典故，而为风趣言，登龙，谓跃上龙门者。

(6) 不羡青州守——不羡慕青州太守。青州，古九州之一。《尚书·禹贡》：“海、岱惟青州。”又汉代置青州、魏、晋、南北朝沿袭，辖领不一，在山东。此处作风趣语，是一种泛指。

(7) 点额——《水经注·河水》:“(鲤鱼)三月上则渡龙门，得渡，为龙矣。否则点额而还。”后因称仕路失意或科场落第为“点额”。

(8) 碣石——古山名，在河北省昌黎县西北。此诗用指龙门峡水注入桑干河而入海处。

(9) 暑重凉生冰雪谷——言其虽在暑夏，到此则如进入冰雪谷一样凉爽。

(10) 水晶壶——龙门峡之水，凡三叠成瀑布而飞流直下，到了冬天，则飞流之水外面冻成一层冰柱，而中间空处飞瀑照样泻落，这中空的冰筒如透明的水晶壶一般，又是另一番景象了。

(11) 少年载酒曾经赏——言作者年少之际，就曾经带着酒到此欣赏过这龙门叠翠的美景。

(12) 回溯风情——回想当时的情景。

(13) 舞雩——古代求雨祭天的一种舞蹈。

黄阳雨笠[1]

朱维熊

不知谁坐白云端，
雾鬓烟鬟漫整冠。
宫观[2]宁须封泰岱[3]，
霖膏[4]早已霈桑干[5]。
无心出岫[6]迷樵径[7]，
有意朝天戴笠团[8]。

欲晓阴晴占验法[9]，
农人早晚向西看[10]。

注释：

（1）此诗选自清康熙五十年《保安州志》。

（2）宫观——道宫、道观的合称。道教祀神之所。

（3）泰岱——泰山。泰山亦称“岱宗”。

（4）霖膏——对农作物极为有利的雨水。霖，甘霖；膏，油脂。

（5）霈桑干——雨水充沛地汇入了桑干河。霈，读 pèi 沛，雨水充沛貌；桑干，河水名，古称㶟水。

（6）岫——读 xiù，山上的洞穴。

（7）樵径——樵夫上山砍柴所走的蜿蜒小道。

（8）笠团——圆形的斗笠。

（9）欲晓阴晴占验法——想知道预测天气阴晴雨雾的办法。

（10）农人早晚向西看——黄阳山东面，是怀来、涿鹿山间盆地，是这一地域人口集中居住的密集村庄。涿鹿城亦在黄阳山东面。所以，能预示天气变化的“黄阳雨笠”的自然景观，是在西面。这就是诗句“向西看”的道理。当然世无绝对之事，居住在黄阳山西面的山村农人，以“黄阳雨笠”之景判断天气变化，那就得“向东看”了。

笔架彩霞[1]

梁瑛[2]

秀削[3]开蓬境[4]，
三山敛翠微[5]。
峰联云影合[6]，
径凿石痕稀[7]。
散绮沦阴谷[8]，
残晖上谷衣[9]。
更看孤鹜[10]影，
相伴落霞归[11]。

注释：

（1）此诗选自清康熙五十年《保安州志》。

（2）梁瑛，清奉天省义州（今辽宁省义县）人，字仲英。

（3）秀削——秀丽的三峰如刀削出的一般。

（4）蓬境——蓬莱仙境。

（5）翠微——青翠的山岚。

（6）峰联云影合——三峰并联与彩云相合在一起。

（7）径凿石痕稀——上山的蜿蜒小道上，依稀有古人开凿的痕迹。

（8）散绮沦阴谷——花草如散落的锦绣沉沦在了山沟里。

（9）残晖上谷衣——落日的余晖，给山谷披上了一层如衣的色彩。

（10）孤鹜——孤单觅食的鸭子。

（11）落霞归——在晚霞中向家中回归。

龙门叠翠[1]

梁瑛

劈立分天柱，
排空列翠屏。
鹘巢[2]藏树杪[3]，
龙气郁山灵。
藓积云根碧[4]，
苔深石骨青[5]。
夕阳堪极目，
牧马散边坰[6]。

注释：

（1）此诗选自清康熙五十年《保安州志》。

（2）鹘巢——鹘之巢。鹘，读 hǔ 胡，鸟纲，隼科。

（3）树杪——树梢。杪，读 miǎo 秒，树的末梢。

（4）藓积云根碧——龙门山峡上的苔藓经年积厚，看上去连缭绕在山峡上的云根都染绿了。

（5）苔深石骨青——苔藓使岩石变成了青色。

（6）坰——读 jiōng，指遥远的郊野。

笔架彩霞[1]

周天成[2]

笔格映遥天[3]，
霞明五色鲜。
摅毫[4]列锦绣，
拂素起云烟[5]。
莫忆雕虫技[6]，
还思画荻年[7]。
生花[8]犹灿烂，
远照助芸编[9]。

注释：

（1）此诗选自清康熙五十年《保安州志》。

（2）周天成，保安州人，字凝图，弘文学士。

（3）笔格映遥天——此是从耸立在保安州城上所建遥对笔架山、象征巨大毛笔的砖塔写起，所以，诗的一开始就说，笔的规格大得在遥远的地方就辉映到了天空。格，规格、规模。

（4）摅毫——舒展笔毫。摅，读 shū 书，舒展。

（5）拂素起云烟——用这样的巨笔在白色的纸上书写，会激起美妙的云烟。拂，扫掠过。

（6）莫忆雕虫技——此言写文章不要想那些雕虫小技的事情，而要有大手笔。

（7）还思画荻年——还要思量书写出能够护佑堤南坝那样的东西。荻，一种有固沙、护堤作用，能编织、能造纸、能造丝的植物。

（8）生花——生花妙笔一词之省用。

（9）芸编——书籍的别称。古人藏书多用芸香驱蠹虫，所以，称书为芸编。

黄阳雨笠[1]

周天成

崱屴[2]覆河干[3]，
黄阳映日寒[4]。
云笼[5]山似霂[6]，
风拂草如鬟[7]。
峡[8]里行人问，
溪边游子[9]看。
俨然遮雨笠[10]，
遥指在巑岏[11]。

注释：

（1）此诗选自清康熙八年《保安州志·卷八·艺文考》。

（2）崱屴——亦作“屴崱”，形容山势陡峭而高耸。

（3）河干——河岸。

（4）黄阳映日寒——指黄阳山头上浓云，在红日的照耀下，更显寒冷。

（5）云笼——浓云笼罩。

（6）山似霂——山上好像在下小雨。霂，“霡霂”一词之省。霡霂，读 mài mù，指小雨。如《诗·小雅·信南山》：“雨雪纷纷，益之以霡霂。”

（7）鬟——发髻。

（8）峡——黄阳山与龙门山之间，是桑干河峡谷。峡谷北、黄阳山下，是一条大道。

（9）游子——游客。

（10）俨然遮雨笠——点题，指出黄阳山头上的卧云就好像它戴着一顶遮雨的斗笠一样。

（11）巑岏——读 cuán wán，本指山峰高峻，此指山头。

龙门叠翠(1)

周天成

凿石问仙源(2)，

茏葱(3)隔水村(4)。

四围樊虎穴(5)，

双壁(6)控龙门。

翠蔼(7)千层合，

冰澌(8)万点存。

何如积石下，

神鬼怒涛奔(9)。

注释：

(1) 此诗选自清康熙五十年《保安州志》。

(2) 凿石问仙源——此句对龙门峡西壁存在的石室而发的疑问。此石室高悬于绝壁之上，石室口小而堂大，有厅，有石床，有窗可看到外面。但千百年来，只有极少胆大、好奇的孩子们，手攀山岩上的山柴，冒着生命之危进去过。

(3) 茏葱——龙门峡下，桃、杏、香椿等各种树木茂密。

(4) 隔水村——指溪源、四顷梁两村，两村只有一水之隔。

(5) 四围樊虎穴——此指龙门峡内龙潭沟四周的大小溶洞犹如虎穴一般。樊，杂乱貌，樊虎穴，杂乱地存在着像虎穴一样的岩石坑洞。

(6) 双壁——龙门峡是一道山岭，由于古代的大地震造成其最薄弱处裂开为门，故其东西两面石壁就像刀削斧劈一样整齐，言其为双壁，恰当。

(7) 翠蔼——形容绿色的树木就像翠绿的雾气一样，一层层地围拢着这龙门峡。翠，青绿色；蔼，通“霭”，指云气，雾气。

(8) 冰澌——积冰完全消冻前残存的冰凌碴子。《说文》：“澌，水素也。”又，澌，通斯，义为尽。《方言》第三：“澌，尽也。”

(9) 神鬼怒涛奔——此为诗眼，点题“叠翠”，写龙门峡中凡三叠而飞流直下的瀑布，轰轰然蔚为壮观。

春日过龙门山观叠翠[1]

梁永祚[2]

边城三月劝耕畴[3]，
勒马青山对碧流[4]。
夹道[5]烟横春色暮，
半岩风定翠光浮[6]。
云飞峭岭松涛急，
石溅香泉涧壑幽。
更爱村墟如画处，
杏花零落李花稠。

注释：

（1）此诗选自清康熙五十年《保安州志》。

（2）梁永祚，江南寿州人，康熙四十七年（1708 年）以四川蒲江知县升任保安州知州。梁永祚执法严明使州境匪盗绝迹，对保安州公共建设也做了不少事情。如建仓廒、办义学、整理公厕、重修北城楼、续修州志等。

（3）耕畴——耕地。

（4）碧流——指龙门峡瀑布。

（5）夹道——指对峙如门的龙门峡。

（6）翠光浮——半山岩上瀑布溅起而浮动着的水光。

望笔架山[1]

梁永祚

天外三山秀色齐，
峰迴浅碧[2]望凄迷[3]。
悬崖径曲藏僧坞[4]，
细草春深没马蹄[5]。
雁影半随残涧落，
松阴多傍夕阳低。
不须更上层峦顶，
归送莺声柳陌啼。

注释：

（1）此诗选自清康熙五十年《保安州志》。

（2）浅碧——浅绿色。山上草木的碧绿色，在远望之中，由于山岚对视觉的影响，其色彩就会变淡。由深绿而变为浅绿。

（3）凄迷——景物模糊不清貌。如善住《送中上人归故里》诗：“野花秋寂历，江草晚凄迷。”

（4）僧坞——深山僧人居住的土屋。历史上不知什么年代，在笔架山主峰下，曾建有文曲星庙，这是历史事实。但是有无僧人居住，则很难考信。因为，山上无水源，生活就是很困难的。诗人说在笔架山那悬崖曲径的后面藏有僧人居住的土屋，应该是指笔架山北的许多石洞，这些石洞倒是能住很多人的。

（5）细草春深没马蹄——春天笔架山上细小的草长高了，所乘的马踏上去，那草也会遮没了马蹄子。这证明梁知州到溪源村视察，确实上如其诗中所言，是乘马去的。他遥望笔架山而赋诗，也属真实。因为，笔架山山势陡峭，有悬崖峭壁是真，有曲径通向山巅也是真，但骑马则是绝对上不去的。

古今文章

唐虞之道[1]

唐虞之道，禅[2]而不传[3]。尧舜之王，利天下而不利己。禅而不传，圣之盛也。利天下面弗利己，仁之至也。故，昔贤仁圣者如此。身穷不均，殁而弗利，躬仁嘻。必正其身，然后正世，圣道备嘻。故，唐虞之道至也。

夫圣人上事天，教民有尊也；下事地，教民有亲也；时事山川，教民有敬也；亲事祖庙，教民孝也；大教之中，天子亲齿[4]，教民弟[5]也；先圣与后圣，考后而甄先，教民大顺之道也。

尧舜之行，爱亲尊贤。爱亲故孝，尊贤故禅。孝之方，爱天下之民；禅之传，世无隐德。孝，仁之冕也。禅，义之至也。六帝[6]兴于古，咸由此也。爱亲忘贤，仁而未义也。尊贤遗亲，义而未仁也。古者虞舜，笃事瞽盲[7]，乃弋其孝。忠事帝尧，乃弋其臣。爱亲尊贤，虞舜其人也。禹治水，益治火[8]，后稷[9]治土，足民养生。□□节乎肌肤血气之情，养性命之正，安命而弗夭，养生而弗伤，智仁义之正者，能以天下禅嘻[(10)]。

古者尧之与舜也，闻舜孝，知其能养天下之老也；闻舜弟，知其能嗣天下之长也；闻舜慈乎弟，知其能□□□为民主也。故，其为瞽盲子也，甚忠。尧禅天下而授之，南面而王天下，而甚君。故尧之禅乎舜也，知此也。古者圣人廿[(11)]而冒[(12)]，卅[(13)]而有家，五十而治天下，七十而致政，四肢倦惰，耳目聪明衰，禅天下而授贤，退而养其生。此以知其弗利己也。

《虞诗》曰："大明不出，万物皆訇。圣者不在上，天下必坏。"治之至，养不肖。乱之至，灭贤。仁者为此进，违礼畏，守乐逊，民教也。皋陶[(14)]入用五刑，出弋[(15)]兵革，罪轻法□□用威，夏用戈，征不服也。爱而正之，虞夏之治也。禅而不传，义恒□□治也。

古者，尧生为天子而有天下，圣以遇命，仁以逢时，未尝遇□□并于大时，神明将从，天地佑之。从仁，圣可与，时弗可及嘻。夫古者，舜处于草茅[(16)]之中而不忧，身为天子而不骄。处草茅之中而不忧，知命也；身为天子而不骄，不专也；求乎大人之兴，美也。今之弋于德者，未年不弋，君民而不骄，卒王天下而不疑。方在下位，不以匹夫为轻；及其有天下也，不以天下为重。有天下弗能益，亡[(17)]天下弗[(18)]能损。及仁之至，利天下而弗利己也。禅也者，上德授贤之谓也。上德，则天下有君而世明；授贤，则民兴教而化乎道。不禅而能化民者，自生民未之有也[(19)]，如此也。

注释：

（1）此文选自文物出版社2002年10月版《郭店楚墓竹简·唐虞之道》，文中经考证，对原书个别文字有改动。凡原简缺字之处，用□标出。

(2) 禅——在上圣帝选贤任能传帝位与下贤之称。

(3) 传——传公职与己亲之所谓。

(4) 亲齿——亲爱幼小者。如《左传·文公元年》:“群之齿,未也。”注:“齿,年也。言尚少。”

(5) 弟——同悌,敬爱兄长。

(6) 六帝——指黄帝、少昊、颛顼、帝喾、唐尧、虞舜。“六帝兴于古,咸由此”,是说:六帝之所以开上古洪荒,使中华走向文明,都是由于重仁,讲礼,守义,以此而教化人民。同时,治国者,尚贤任能,不求私利,帝位禅贤而不传己子的缘故。

(7) 瞽盲——瞽叟。

(8) 益治火——益,即伯益,曾同禹一起治水。治火之谓,言其为“火正”。

(9) 后稷——周先祖,尧时为农师。

(10) 嘻——称赞性的感叹。

(11) 廿——读 niàn,意为二十。也书作廾。

(12) 冒——帽的古字。“廿而冒”指男子二十岁举行冠礼,开始以成年人的社会行为标准要求自己。

(13) 卅——读 sà,三十。

(14) 皋陶——字庭坚,舜时为掌刑法之官。他配合禹治水,执法无私,赏罚分明。

(15) 弋——读 yì 亦,义为取。

(16) 草茅——指在野而未出仕的人。《仪礼·士相见》:“在野则曰草茅之臣。”

(17) 亡——同无。

(18) 弗——不可。

(19) 不禅而能化民者，自生民未之有也——治理天下，不实行选贤任能的民本制度，而使人民得以教化，从而实现社会文明，自有人类社会以来，从未有过。

龙门叠翠记[1]

杨养正[2]

山自笔架西来，断崖忽如天辟，曰上龙门，下龙门；飞泉出其中，曰上瀑布，下瀑布。夫环州之山秀于西，西山之秀聚于笔架，笔架之秀聚于龙门！

龙门者，以石显，以瀑奇，此，“叠翠”所由名也。若夫两峡之间，平沙漫流，澄清见底。每谷风凄雨，旋转升降于峡中，加以鸟声乍惊，与泉声相为敛散；其或流云度峡，与山光相为吞吐，令人神思萧然，不知俗虑之顿除也。使生于吴越，当与金山一点飞来片石争雄！

千古不幸，弃是州也，游人一视而过。盖此地四山皆土，独所谓两峡者石也。人知爱其峡，喜其瀑，忘其奇而反不足于其土。呜呼！世具自然之奇，而不见知于人，宁独此山也欤？微土山无以显绝壁，微两峡无以寄悬流。造物者，至奇无奇，大巧若拙，宜众人之不识也。吾因之有感焉，是以为记。

注释：

(1) 此文选自清康熙八年《保安州志·卷八·艺文考》。

（2）杨养正，保安州人，贡生，康熙八年《保安州志》编辑。

龙门冰景记[1]

杨养正

山水莫奇于龙门，前记[2]备矣。而冰景尤奇，盖其衣瀑而成，形如巨橐[3]，然指而似之曰：此冰甕[4]也。以石破其底而仰窥之，冰以喷噀[5]而下缀，缕缕焉，绁绁[6]焉。曰："此冰裘也。"

甕有二水，旁射而噬[7]其一之半。侧视之，如鹤之曝于石上而垂其羽于下也。曰："此冰翼也。"渠溃而注，继以搏风，冰如雾鬟[8]，如繁缨既溶濛[9]而骈锐，复掀致而飘扬。又，拟鬅鬆老人[10]顺风而行，而面目为之半掩，唇齿为之莫辨也，曰："此冰须也。"其大者如此，若夫泉气飞沈而成霰，涓流断续而生奇，大者如虬[11]，小者如螋[12]，垂者如旒，竖者如指，直者如杖，曲者如钩，疏者如鞭，密者如栉，鸣者如琴，响者如鼓，而水与冰之摩荡尽矣！山中人杨养正记。

注释：

（1）此文选自清朝康熙八年《保安州志·卷八·艺文考》。

（2）指《龙门叠翠记》一文。

（3）巨橐——巨大的袋子。橐，读 tuó。

（4）甕——瓮的异体字。

（5）噀——喷，《后汉书·栾巴传》"征拜尚书"李贤注引《神仙传》："饮酒西南噀之。"

(6) 绁——读 xiè，牵牲畜的绳子，此处指流水速冻而形成绳状垂挂之形貌。

(7) 噬——读 shì，咬。

(8) 鬉——鬃的异体字。

(9) 溜濛——读 mí méng。形容水的急流喷射之状。

(10) 拟髴髭老人——好像披发长须的老人。拟，比拟，类似；髴，读 fú 拂，披发貌；髭，读 zī，嘴上须。

(11) 虬——读 qiú，传说中的一种龙，其须蜷曲。

(12) 螋——即螋蛇，别称“草上飞”。

龙门十奇(1)

杨养正

一峡，不奇。两峡高下见，不奇。不抱，不奇。偏抱，不奇。互抱而一片石山，不奇。不峭，及或峭或否，不奇。有峡无瀑，不奇。有水不出峡中，不奇。两门偏侧互错，不奇。

夫龙门天然两峡，奇一；高广均齐，奇二；南北相望均齐，奇三；东西岗陵围合如城，奇四；东山一面，两石突出，如苍龙爪。忽有横岗南来，亦化两石，与东山之石相应而成峡。峡成，而南来之岗尽，奇五；东、西、南三面土丘，两峡独为四石，奇六；门如斧劈，壁似刀截，奇七；为是峡，则为是瀑，奇八；为是峡，为是瀑，自然吞吐，无泮涣旁行之出，奇九；两门正如对两耳，两目不侧不偏，奇十。

注释：

（1）此文选自清康熙八年《保安州志·卷八·艺文考》。

舜都潘城[1]

曲辰

我国历史上有名的潘城，位于现在涿鹿西南二十五里处的保岱。按历史记载，此城当建于四千多年以前。

潘城中有一泉，名为潘泉。北魏地理学家郦道元说此泉“从广十数步，东出城，注协阳关水（即岔道河），雨盛则通注，阳旱则不流，惟洴泉而已”。

潘泉遗址，在今保岱公社中学东南，四清时，曾重挖过一次，遂改名曰“四清井”。潘泉之名，系由泉水回旋流溢之势而得。潘城之名，则是又随城中潘泉而称。汉高祖刘邦于公元前 206 年在此设县治，称为潘县。王莽改制时，凡天下所有城池县地，尽改新名，潘城被一度改称为“树武”。到十六国时，将潘县县治废除，北齐中，又在此置州级治所，改名为北燕。隋朝降州为县，称怀戎。唐朝贞观八年（634 年）又复置州治，称妫州。其辖境相当于现在的张家口市、怀来、延庆、赤城、崇礼、张北、怀安、万全、涿鹿等地。武则天做了女皇以后，于长安年中将妫州治所东移至清夷军城，也即后来的旧怀来城中。宋朝时，古潘城沦为辽地，属奉圣州（州治在今涿鹿城）所辖，以后改名为保岱。现在，它是公社管委会所在地。

古潘城，是为尧、舜时的都城，夏以后，潘城为冀州地域。因此，古史记载具云：“舜，冀州之人也”，“居妫汭”。妫，即是潘泉流出来的水，古称妫水。“汭”，就是流水弯曲之处。这就是说，舜住的房子，在潘城中潘泉泉水向东北流的一个拐弯处，也就是现在保岱村称之为“拐角子”的地方。

舜的父亲是个瞎子，史称“瞽叟”，母亲名握登。舜在幼年，母亲去世，父亲又娶了一个后妻，给舜生下了一个弟弟。舜的后娘把他视作眼中钉，肉中刺，必欲除之而后快，常同他父亲商量如何把舜害死。因此，舜常常挨打。而舜每逢遭到责打，就顺从地忍受。遇到谋杀时，就设法躲避。过后，仍照常孝顺父母，友爱小弟，始终如一。

舜刚成年之时，其孝顺长者的贤德已广为人们所称颂。当他快到三十岁的时候，还未娶妻，尧以舜之贤德，有意将帝位传于他。尧征求人们的意见，人们都说舜能够担当这个大任。为了进一步观察舜的品德，尧帝就把娥皇、女英两个女儿下嫁于舜，以观察他治家的才能，还派了九个男子与舜相处，以试验他为人处事的品行。结果，舜不仅照常孝顺父母，友爱小弟，而且还能够使娥皇、女英也这样做，并不敢以自己的高贵身份而骄傲自满。与他相处当中，即使是九个男子也个个受到了很好的教育，获益不浅。舜的高尚品德，使人们对他都很尊敬：舜耕之于历山（今窑子头西的四顷梁），历山之人皆敬而尽让畔；渔于雷泽（即今桑干河边的水泽），雷泽的人皆让其居所。这些使尧感到非常高兴，就赏了舜细布衣裳和五弦琴，帮他建筑了放粮食的库房，还给了他不少牛羊。

可是，就是在这种情况下，舜的瞎眼父亲还是想害死他。瞽叟让舜上库房去抹房，当舜上了房之后，瞽叟就搬走梯子，在下面放起火来，想把他烧死。舜急中生智，把两根竹杆一撑，就势顺着竹杆下了房，躲过了一场杀身之祸；一计不成，又生一计，其父又命舜去挖井，等到井挖得很深了，父亲和那个后娘生的弟弟趁舜在井下面弯腰挖土的当儿，一起往井中填土，将井填死。之后，舜的父亲、后娘和弟弟都很高兴，打算分一下舜的东西。他的弟弟说："谋杀他是我的主意，因此，他的两个妻子、房屋和五弦琴，都应该归我。库房、粮食、牛羊，就归爹娘所有……"

正当舜的弟弟兴兴头头地奔入舜屋，拿过尧赏于舜的五弦琴刚要弹奏之时，一抬头，猛然看见舜从容地走了进来！这一突如其来的惊吓非同小可，舜弟慌忙进行拙劣的掩饰，说："我想你想得很厉害，正自己烦闷得不行……"舜笑了笑说："好啊，你的心中几时也有了兄弟之间的情谊呢？"

原来，早在舜的父亲命他挖井的时候，他就预先在井中挖了一个通往地上的地道。当井上面的父亲和弟弟忙乱中往井里填土的时候，他就钻进了这个地道，从另一处上了地面……

后来，尧又多次试了舜治理国家的本领，知道他德才兼备，确实有治理天下的才能，就让他代替自己管理国家大事，让他从中受到实际锻炼。二十年以后，尧帝感到自己老了，就正式让舜以天子的身份处理政事。

尧有子十人，其中有九个为普通的老百姓，都没有什么才能，另一个儿子叫丹朱，品行也不怎么好，尧选出身为老百姓的舜，通过各种方法培养他，让他做自己的接班人，而不传位给自己的儿子丹朱。他认为，舜贤而有才华，丹朱愚而不肖，"授舜，则天下得其利而丹朱病；授丹朱，则天下病而丹朱得其利"。尧说："终不以天下之病而利一人！"尧这种公而忘私、舍己为人的精神，使老百姓深受感动，他死了以后，“百姓悲哀，如丧父母。三年，四方莫举乐”。舜做了天子之后，也如尧一样，将国家治理得很好。至今，人们还常说：“尧天舜日，国泰民安。”

舜在帝位三十九年，南巡时死于苍梧之野，葬在九嶷山（在今湖南省宁远县南）。舜也和尧一样，没有将帝位传于自己的儿子商均，只是封了虞城给他。而将帝位授予禹，这就是我国历史上夏朝的开始。

潘城西北三里，即古历山（今窑子头西面的山），是舜曾经耕耘过的地方。现在，尚有良田480多亩，名四顷地，亦称四顷梁。此处，周围高山围拢，俨似城郭。中间为平地，犹如城址，其地形奇特，亦属罕见。不过，地质学家们对此并不感到稀奇，因为，这是石灰岩地质经长期雨水浸蚀而形成的“山间洼蚀盆地”。

历山之上，古代建有尧庙和舜庙，古代的皇帝们都定期到此祭祀尧、舜。其祭品是全猪、全牛、全羊，称为“太牢”。仅据《魏书》所载，从公元400年至430年的短短三十年中，北魏皇帝拓跋珪、拓跋嗣、拓跋焘，就曾先后五次登历山，以太牢祭尧、舜庙。现在，庙已无存，只剩下尧、舜庙的基址两个，南面的山弯里，旧有汉代古塔一座，在“文化革命”中，因“破四旧”所拆毁。

关于古潘城，不少史、地经典都有记载。《魏土地记》称：“下落城（汉代地名，即今涿鹿城）西南四十里有潘城，城西北三里有历山，山上有虞舜庙……《水经注》云：“潘县故城……或云舜所都也”；《括地志》记：“妫州有妫水，源出城中，耆旧传云即舜厘降二女于妫汭之所。外城申有舜井，城北有历山，山上有舜庙”；《史记·正义》载：“妫州历山……皆云舜所耕处”……

岁月流逝，沧桑变幻，尧、舜之事距今已有四千余载，潘城今昔风貌已经大不相同，但尧舜让贤的美德却给我们留下了深刻的启示。

注释：

(1) 曲辰：《舜都潘城》，《长城文艺》，1983 年第 3 期。

附会黄阳错更名[1]

——黄阳山更名纪实

曲辰

在今河北省宣化县与涿鹿县的交界处，有一座与黄帝战蚩尤史事直接相关的历史名山，叫作黄阳山。关于它对黄帝战蚩尤的重要历史意义，我在《黄帝与中华文明》一书有关章节，以及《黄帝有云瑞的历史秘密》一文中，业已详细谈到，此不赘述。

黄阳山的“黄阳”二字，因为它对历代社会政治生活都没直接关联，所以，它在公元 1960 年以前的五千年历史上一直沿用，而无人刻意更改。当然，在上古史事记载中，亦有依音而记的个别不同写法，如《公孙尼子》记载虞舜史事，就记为“潢阳”。那么，是什么原因导致了黄阳山现在被书之为“黄羊山”呢？这恐怕是连现在的涿鹿人也说道不清的事。因为涿鹿的文人墨客，现在都是错误地书之为“黄羊山”的。所以，我作为黄阳山更名的亲历亲记者，将这件事作一个如实记述：

1958 年，在中国的历史上是一个“天翻地覆”的年份，很多新奇的事情都在这一年出现，涿鹿县自然亦如此。1 月 24 日，中国文联一批作家到涿鹿县劳动锻炼，此后，在五堡办了“文艺农场”。我知道的作家有苏中、张葆莘、齐兰贞、许显卿等。抗日时期曾在涿鹿县任过县委宣传部部长的作家张雷，其时是中国文联组联部部长，他是将家迁到涿鹿，住在城里任宅巷，挂职为“果林公社”党委书记，其妻子侯荣英任涿鹿县机械制造修配厂党委副书记。3 月 16 日“劈山大渠”破土动工修建，5 月 29 日，时任中国科学院院长、中国文联主席的郭沫若，率中国作协代表团到涿鹿县参观。他因为要给“劈山大渠”题诗，就翻阅《保安州志》对黄阳山的记载。康熙五十年的《保安州志》对黄阳山有一个错误的无根附会。说：“黄阳山，在州（城）西北二十里，相传仙臞黄伯阳修炼于此，故名。”郭沫若对于这种黄阳山得名的无根附会，当然是否定的。于是，他认为，黄阳山很可能是因为山上有黄羊生存，因而得名“黄羊山”，历史久远，人们依音而记，就书写成了“黄阳山”。他的认识，他写的诗，当时就登在了由他题名创办的《涿鹿报》上。其诗曰：

劈开黄羊山，抬高桑干河。
抛山下河岸，引水上山坡。
翻江倒海寻常事，今日愚公天下多。

1960 年 9 月 10 日，“劈山大渠”东窑沟至沈庄的第一期工程完工，中国文联副主席田汉率领了一个庞大的代表团到涿鹿庆贺，记得代表团成员有叶圣陶、叶浅予、戴爱莲、侯宝林等许多文艺界名家。晚上，在县礼堂举行了文艺演出，我坐在叶圣陶先生的后一排，所以，我对叶老相貌的记忆就特别深：老人耳孔中的耳毛，长出到了耳轮外面。

演出一开始，是唱郭沫若所作的《劈山大渠歌》——这是郭沫若在代表团出发前交待给代表团：作曲家在来涿鹿的火车上作曲、歌唱家在火车上试唱，晚上就登台正式演唱的第一首歌：

黄羊山，含笑歌，
欢迎同志桑干河，
自古只知水就下，
而今河水上山坡。
上山坡，河水笑，
黄羊黄羊洗个澡！
洗个澡，绿油油，
今年一定大丰收……

自此之后，涿鹿的文人们就渐渐将“黄阳山”写作“黄羊山”，绘制地图也如此，由此导致出版物亦将“黄阳山”印作“黄羊山”。

黄阳山，自古就无黄羊生存。黄羊亦称“蒙古羚”，属哺乳纲、牛科的黄色野生动物，生存于北方的草原、半荒漠及丘陵地区，高耸的黄阳山是不适宜其生存的。郭沫若先生是文学家、史学家、考古学家，但他不是动物学家。他否定《保安州志》上对黄阳山得名的附会是对的，但因此说黄阳山很可能是“黄羊山”的误书，则是错误的。黄阳山与中华文明始祖轩辕黄帝凭借自然之力、地形之用，“因天之杀亦以伐死”，战胜强敌，顺利地平息蚩尤的叛乱有关。我以为，还是使用五千年沿袭不变的“黄阳山”写法，比写成“黄羊山”好。

注释：

(1) 曲辰：《附会黄阳错更名——黄阳山更名纪实》，转自

2010 年 6 月 12 日张家口网“涿鹿论坛”。

关于黄帝的“有云瑞”和“以云纪”

——应中国文物鉴定委员会主任委员、中国玉器研究会会长、故宫博物院原副院长杨伯达先生之询而写

曲辰

2010 年 6 月 30 日至 7 月 1 日，临时受张家口市委统战部之命，陪中国文物鉴定委员会主任委员、中国玉器研究会会长、故宫博物院原副院长杨伯达先生参观元中都、黄帝城遗址。先生要求谈一下黄帝受命“有云瑞”和“黄帝命官”“以云纪”的事，因有是文。

黄帝战蚩尤，由于运用了很多科学知识于具体的战场摆布、兵力部署、作战措施、战斗方法等，这场战争给后世留下了许多历史谜团。秦汉时期，由于谈神弄鬼的社会风气盛行，人们凡对黄帝史事中迷惑不解、令人感到神秘者，便添油加醋，神化黄帝；事物至极必反，宋代以来，辨伪之风大炽，又依据因人们不解古史而行神化历史之实，简单地否定黄帝史事。这，就是在主观唯心论的思想指导下，在研究解释历史问题上所存在的两个极端。

轩辕黄帝按“因天之杀也以伐死”的理论，在涿鹿之战中利用了涿鹿一个地方性小气候变化规律，用强大的自然之力以杀敌，就涉及了不少人们弄不明白的历史谜题，历史记载的黄帝受命“有云瑞”和以封官“以云纪”，就是其中之一。

“云瑞”，就是“瑞云”、“祥云”，是指桑干河山间断陷盆地中央之熊耳山经常出现的白云。因为它是一个地方性小气候变化过程中出现的自然景观，为涿鹿古代“八大奇景”之一，所以就称之以

“景云”。后世述史释事者不知原委，就有了种种猜测性的说法。《古今注》曰：“涿鹿之野，常有五色云气，金枝玉叶，止于帝所，有葩华之象”[(1)]；《孝经援神契》云：“王者德至山陵，则景云出”；而杜预、应劭则言“黄帝受命有云瑞”[(2)]；张晏又说：“黄帝有景云之应，因以名师与官。”[(3)]

黄帝因用自然之力于平定蚩尤之乱，因而取得了重大胜利。掌握此自然变化规律，靠的就是其标志性的“景云”之变。因此，才有后来的合符釜山、肇造国家之制的开国庆典，故对此景云亦称作“庆云”[(4)]。《前汉书·天文志》说：“若烟非烟，若云非云，郁郁纷纷，萧索轮囷，是谓庆云。喜气也”；孙氏《瑞应图》称：“景云者，太平之应也。一曰非气非烟，五色氤氲，谓之‘庆云’”；《前汉书·礼乐志·郊祀歌》也有“甘露降，庆云集”句。

亦正因为有这样的具体历史原因，黄帝才以云名而命官。《左传·鲁昭公一七年》记：“昔者，黄帝氏以云纪，故为云师而云名”；《史记·五帝本纪》载：“黄帝……合符釜山，而邑于涿鹿之阿，官名皆以云，命为云师。”如此，人们又将“庆云”引申作位显或尊长之代词。如《楚辞·汉·王褒九怀·思忠》：“贞枝柳兮枯槁，枉车登兮庆云。”注曰：“‘庆云’，喻尊显也”；《文选·晋·潘安仁（岳）·寡妇赋》：“承庆云之光覆兮，荷君子之惠渥。”注曰：“‘庆云’，喻父母也。”黄帝既以云名而命称公卿，人们自然又将景云称以“卿云”。《史记·天官书》说：“若烟非烟，若云非云，郁郁纷纷，萧索轮囷，是谓卿云”；《竹书纪年》曰：“帝舜元年己未即帝位，居冀。十四年卿云见，命禹代虞事”，舜以歌《卿云》，寄意黄帝所开创之基业永祚，其歌曰：“卿云烂兮，纠缦缦兮。日月光华，旦复旦兮！”[(5)]正因为如此，《西京杂记》就说：

“瑞云曰庆云，曰景云，或曰卿云。”[6]

景云之现，在涿鹿县城西北熊耳山东峰黄阳山巅。黄阳山，即古籍所载“舜牧牛于潢（黄）阳”[7]的黄阳山。在涿鹿，自古则称此自然景观曰“黄阳雨笠”：“黄阳山，在州西北二十里，……有香峰寺、卧云刹基址，苍峦耸秀，云发则雨。”[8]“黄阳雨笠：每云覆其上，民谣谓之‘戴帽’，则必雨。”对于“黄阳雨笠”之景，历代文人墨客诗赋极多，如明代工部侍郎、江宁织造周天成在题为《黄阳雨笠》的诗中写道：“岿岃覆桑干，黄阳映日寒。云笼山似霂，风拂草如鬟。峡里行人问，溪边游子看：俨然遮雨笠，遥指在巑岏。”[9]

那么，这“景云”也好，“黄阳雨笠”也罢，到底是一种什么样的具体自然景象和变化过程呢？现在，笔者依少年牧牛于笔架山、青年时耕耘于千儿岭的长期观察，以叙其全过程：

景云之现，在桑干河流域的山间断陷盆地中，只出现于盆地中央的山间地垒山地熊耳山，尤以熊耳山之最东峰——黄阳山，夏、秋两季最为常见。

景云出现之前的两三天，这个桑干河山间断陷盆地中必是大雾弥漫天气。是时，若站在高山观看，盆地中雾海茫茫，平平展展，一动不动，也不向空中飞起一丝一缕。盆地周围，西北的阴山余支大马群山，东北的燕山，东南的军都山，正南的太行山，西南的恒山将这盆地中的白色的雾海围拢起来，与盆地之外隔绝。盆地中央，只有熊耳山诸峰露出雾海，形成白色“大海”中一群“小岛屿”。白茫茫的雾海下面，覆盖着一个喧闹的“世界”：远处传出的是京张铁路火车哐哐咚咚的奔跑声以及京张公路上汽车的鸣笛声，近处传出的是鸡叫声、狗咬声乃至人们的说话声……而在无雾之时，是听不到有如此清晰的声音的。在这雾海之上，则蓝天如洗，一望无际；空中没有一丝丝风，烈日高照，有如喷火，直烤得百草低头，闷热得使人全身冒汗、喘不过气来。大约各种鸟类也受不了这种闷热，停止了往常的鸣叫，不知躲藏到什么地方歇凉去了。只有那蚂蚱兴许是为了扇出一丝凉风，发出了吱吱吱吱令人烦嗓的擦腿声……

盆地中大雾弥漫的时间有长有短，长时可达两三日之久。当大雾将起之际，先是慢慢地涌动，接着便翻腾起来，像大海中的波涛，如涨潮般开始升起，沿盆地四周高山慢慢地向上爬，当快要爬上山顶之时，就像后悔了似的，又慢慢悠悠地退下山坡，又回归到白色的雾海之中，而后又再顺着四周高山向上爬。如此不断地反复后，那些翻腾滚动着的白色浪涛犹如接到了一道解散令一般，各向高山聚拢，并慢慢地顺着一道道山沟向山顶爬去。凡是爬向盆地四周高山的，渐次升空，化作蓝天上丝丝缕缕的白云，形状由大到小，颜色由洁白变淡蓝，消失在空中。而顺着四周山沟爬向盆地中央熊耳山的雾气，则并不飞向空中，而是不断地在黄阳山顶聚集，最后形成一朵白云安卧于山巅不动——这就是史书所记的“景云”，民间所称的“黄阳山戴帽”，方志载记的“黄阳雨笠”了。这时候，整个桑干河流域山间断陷盆地，就像揭去了一层神秘的面纱，露出了它清晰的本来面容：那广阔的田野中大大小小、星罗棋布的村庄、城镇，一条条铁路、公路，以及一道道蜿蜒曲折的河流、一丛丛树木……又如一幅浓墨重彩的山水画呈现在眼前。

出现在黄阳山顶的这朵白云，存在的时间有长有短，时间最长可达两三日之久。它的变化与升空，一般都是在午后。届时，就像空中有一只看不见的神手抢黄阳山这个白云小帽戏要它似的：这朵云帽一会儿由大变小，由扁平变高，并慢慢向空中升起。但刚刚离开山头，就又掉了下来，依然安安稳稳地戴回到黄阳山的头顶上。随之，这朵白云由小变大，就如同做豆腐时豆浆冒锅一样，那白云从山顶顺着山坡四下流溢，每当此时，又像做豆腐的人发现了“冒锅”而点入锅中一瓢凉水一般，那正在向四下流溢着的“豆浆”，便急速从四下向山顶收拢，变小，向天空升高……黄阳山顶这朵白云就这样有规律地、反反复复地变化着。直到太阳西移，闷热的天气稍微出现一丝凉意之际，黄阳山上的这朵白云就凝聚、缩小、变高，形成一个云柱飞离山头，并由白变灰，由灰变黑，向四周的天空中铺展开来。当着乌云铺满了半个天空之时，乌云的下面出现丝丝缕缕的白云，急速地翻腾、滚动、引导着乌云扩展的方向：这丝丝缕缕的白色云丝滚动到哪里，黑压压的乌云就覆盖到哪里。随之，一阵习习凉风吹起，接着便是雷声轰鸣，电光闪耀，狂风骤起，暴雨倾天而降，霎时间狂风、暴雨、雷声、闪电直搅得山摇地动……当风声、雨声、雷声稍减后，代之而来的便是千山万壑间的山洪暴发，大小河流涛声大作！

那么，在桑干河流域山间断陷盆地之中，为什么会有这样的地方性小气候变化规律以及“景云”这样的独特自然景观出现呢？说起来，其道理也十分浅显：

白云、乌云、雷鸣、闪电、狂风、暴雨，是空气中物质在一定条件下产生运动造成的结果，它的产生条件在一定程度上取决于地面上的地理环境和物质运动条件，是天地相感而出现的变化。

桑干河流域山间断陷盆地，在地理上横跨山西、河北、内蒙古、北京四省区的二市一十六县地，其周围高山海拔都在 1800 米到 2880 多米之间；而盆地内的平原，海拔只在 400 至 600 米之间。

坐落于盆地中央的山间地垒山地熊耳山，远低于盆地四周高山，海拔只有1500米左右，如辛窑子海拔1430米，塔山海拔为1563米。此山间断陷盆地控制了该区域内的水系，使桑干河、壶流河、东洋河、西洋河、南洋河、西沟河、清水河、盘肠河、龙洋河、清夷水等一齐于盆地内先后汇合，而后才挤出一个军都山中的官厅山峡，流出盆地之外。如此，盆地中的水源就较为充沛，气候相对温暖，空气中的水蒸气较多。特别是在夏、秋雨量较大，温度较高，水蒸气蒸发量较大的时候，遇到西北高压槽移入并控制了盆地上空之际，由于气流的下沉，盆地四周高山阻隔所造成的区域封闭，使盆地之内大量水蒸气得不到逸散，这就是形成大雾弥漫的实际天气过程。当高压槽缓慢向东南方移出过程中，空中气压有所减弱时，空中气流开始上升，盆地中的大雾就开始升起，顺着山坡爬上山顶向空中散去。由于高压槽与低压槽之间的转换是一个渐进的过程，在高压势力减弱而尚未完全退出盆地区域上空之际，盆地中的雾气爬到盆地四周高山上的，就容易散发出去。而顺着盆地中央熊耳山上升的雾气，由于其海拔低于盆地四周高山，高压残余势力对盆地仍存有一定的影响作用，这一部分空中的水蒸气便不易散发到空中去，这样源源不断地从盆地中顺山而升的水蒸气在熊耳山顶遇冷凝结为雾，就笼罩于山顶，形成了盆地中的一个独特自然景观——“黄阳雨笠”了。

当着低压冷空气从西北方移入桑干河山间断陷盆地之后，这就是“景云”升空、盆地中聚结的大量水蒸气迅速上升，在空中遇冷凝结为雨，使盆地中出现暴雨的原因。

当然，地方性小气候的变化，在总体上还是不能不受制于华北乃至全国性大气候形势的。每当雨水偏多的年份，“黄阳雨笠”这种“景云”出现的次数就较多；而当遇到雨水偏少的年份，其“景云”的出现就少；大旱之年就不出现。

黄帝战蚩尤的“涿鹿之战”发端于山东：由于黄振兵而不伐，爱民而兴农，周围一些部落不断“宾从”，国土迅速扩大，这就有了黄帝派得力之臣分赴地方施治的措施。是时，黄帝、炎帝派蚩尤赴少昊（今山东）以治九黎；炎帝亲赴太昊（今河南）筑邑“空桑”以治。蚩尤借外放大任之机，用割耳朵、削鼻子、毁坏人的生殖器官、给黎民脸上刺字等办法称作“法”[(10)]，以逼黎民随其叛乱。“方告无辜于上”，炎帝闻讯，就率兵北上山东，筑邑亦曰“空桑”（在今曲阜地方）以监。蚩尤根本就不把炎帝放在眼里，“登九淖，伐空桑”[(11)]，率兵向炎帝进攻，炎帝一即败，一败即逃，一逃就跑回了国都青丘（今涿鹿县矾山“黄帝城”遗址），蚩尤亦率兵追杀到黄帝都城之下。黄帝使骄兵之计以摆布战场，不让炎帝进入国都青丘，于是，蚩尤在涿鹿河畔追得炎帝“九隅无遗，赤帝大慑”[(12)]。当蚩尤不小心追炎帝进入灵山河谷后，黄帝指挥伏兵迅速封锁山谷，接应炎帝到山谷西的阪泉驻扎，完成了战场兵力布置。此后，黄帝令应龙在灵山河上游的水关筑坝蓄水，随气候变化而战。遇大雾天，就用风后造的指南车辨别方向而战，黄阳山顶景云升空，天降暴雨时，就令应龙扒坝放出拦蓄的河水，加大山洪流量，水冲蚩尤临时所筑的“蚩尤城”。

蚩尤，亦非不懂天文、地理的武夫，当他误入灵山河谷被轩辕黄帝装进了“口袋阵”之后，就紧挨着涿鹿山根，修筑了一个东西特别窄、南北特别长的“长条城”，为的是将东城墙完全躲过灵山河谷中心线，以避水患。按着灵山河流域面积，通常的山洪暴发，洪水顶多能涨到东城墙根。但是，轩辕黄帝还是按着“天有死生之时，国有死生之政。因天之生也以养生，谓之文；因天之杀也以伐死，谓之武”(13)的理论，依景云观察为标志，来一个“天人相合”制造大洪水，给了蚩尤以灭顶之灾。所以，《晋太康地理记》记载黄帝战蚩尤遗址时，就说：“阪泉亦地名也，泉水东北流，与蚩尤泉会，水出蚩尤城，城无东面。”为什么蚩尤城城无东面呢？被大水冲毁了。

当人们了解了涿鹿所在的桑干河山间断陷盆地地理环境、自然变化条件，以及“景云”出现的客观原因后，我们再读“黄帝受命有云瑞”，“蚩尤作大雾弥三日”，蚩尤“请风伯、雨师纵大风雨”等历史记载，就明白是怎么回事了。

参考文献：

(1)《日下旧闻考》辑引。

(2)《史记·五帝本纪·集解》注引。

(3)《史记·五帝本纪·集解》注引及《绎史·卷五》辑录。

(4)(6)《太平御览·卷八》辑引。

(5)《尚书大传·虞夏》。

(7)《公孙尼子》。

(8)《保安州志·山川》及《名胜》志。

(9)《保安州志·艺文志》。

(10)《尚书·吕刑》。

(11)《归藏·佚文》。

(12)《逸周书·尝麦解》。

(13)《黄帝经·经法·君正》。

＊此文作者原发于张家网2010年7月10日的《涿鹿论坛》。

历山与釜山合并不了

曲辰

每一个历史遗址与历史地名，都有着它们相对独立的历史故事。对于任何历史遗址与历史地名，后人是不能够随意地进行更改、合并以及拆分的，这是常识。但是，如今在利用历史遗址发展旅游事业的宣传中，就出现了这种违背历史常识的历史遗址、地名合并与拆分的宣传，如将历史上的阪泉与黄帝泉合并，如此，造成的恶果是“涿鹿之战”与“阪泉之战”的战场不能够准确地区分，不能正确地解释这两战中事件发生先后与其内在的因果关系。将黄帝结束征战后建都、合符的“釜山”硬与舜帝耕耘的“历山”进行合并。如此，造成的恶果是：既解释不通黄帝合符于釜山的历史事件，同时舜帝耕耘于历山的著名历史事件，其遗址也就被人为地消灭、毁坏。这就会直接导致唐尧、虞舜的很多史事不能够正确地进行解说和传承。还有，为旅游服务的宣传中，还奇怪地将一个历史遗址解释为很多处，如蚩尤坟本来在怀来县二堡村南、八卦村西的地方，离黄帝城才是十几里。然而，对此就偏偏不进行介绍与宣传。此后，不宣传说不过了，就说那是“东蚩尤坟”，说保岱村北的汉墓是什么“西蚩尤坟”，又将辽代的塔寺遗址宣传为什么“南蚩尤坟”！一个人死了只有一处坟，如何能有若干处“坟”？如果说蚩尤有一百处坟，那么其中就有九十九处是假造的。假的多真的少，就没人相信。

由于本书(1)是专题考证唐尧、虞舜史事与遗址的，如此，就需要专题驳一下将历山说成是“釜山”的荒唐事，用事实来说明：历山与釜山是合并不了的！

《史记·五帝本纪》载：黄帝战蚩尤与炎帝之后，四方征战，以消除战争隐患。尔后，“合符釜山，而邑于涿鹿之阿”。其叙述之先后，其因果之关系，其文义之表达，本已极其明白。但是，在黄帝、唐尧、虞舜的史事上，却几乎没有不争论之处，没有不被曲解、附会、误释之事。有那么一些人，好像对于这些史事不搅它个一塌糊涂，就不过瘾似的，以至于我们连此明确无误的记载，也须加以考证、论理而证其明。

首先，说一说这“合符”。有人认为，合符之符，是一种“符瑞”。司马贞引《洞冥记》中东方朔之语，说什么釜山在东海大明之墟，“山出瑞云，应王者之符命”(2)，这种说法是不正确的。我们认为，这里所说的就是符节、符契之类信物，即兵符。《文心雕龙》曰：“符者，孚也。征召防伪，事资中孚。三代玉瑞，汉世金竹。宋代从省，代以书翰矣。”(3)。古之兵符，制作用材有：竹、木、金、铜、玉等，大小各异，刻为龙、虎之状，一体分作两半以用。用时一半由帝、王、将、帅交予守关者，掌管粮秣、军械、兵马者，另一半留在帝、王、将、帅之类统领全军者的手中，待发出号令之际交给征将、通关送牒之类具体执行任务者手中，以作具体执行任务的受命之凭。届时合符相验以防作伪：凡两半相合后，大小、材质、外形、纹饰，浑然一体，天衣无缝者为真，兵可调，粮可发，关可通。否则为伪、为诈，就会被阻、被捕、被绳之以法。待一个战役结束后，举行一个仪式，执行任务者，以及具体掌管粮秣、军械、兵马者，各都交出自己所执的一半兵符，使原先战役开始时最高统帅所发出的所有兵符，都两两相合，交回给最高统帅收藏，以备再用。此即谓之“合符”。对一个具体的战役而言，这种合符仪式就相当于庆功会。轩辕黄帝在战蚩尤、战炎帝之后，如太史公之记，黄帝对神州大地东、南、西、北四方大小部落方国的征战全部结束后，择日在釜山集会，举行一个仪式，将所有派将征战时发出的兵符一一相合而验后收回，表示征战结束、神州大地从此完全一统，这是一个盛大的庆典。

黄帝四方征战，正是《商君书》中所指的“以战去战”行动，《孙子兵法》、《万机论》等书所谓的“黄帝战四帝”，或“黄帝胜四帝”之事。“四帝”之指，是有熊国四周之帝，而不能机械地理解为黄帝战胜“四个帝王”。此中的“帝”与后世之“帝”不同，氏族联合为部落后，其行政首领称“后”，军事首领谓“帝”，稍后的部落方国军事领袖也称之曰“帝”。这个“帝”之所指，也就是司马迁于《史记·五帝本纪》中所称的“诸侯”。

黄帝东、西、南、北四方征战，同战蚩尤、战炎帝是有着战场所在、主动与被动的区别的：战蚩尤、战炎帝，都是被动地应战，因为战端的挑起者是蚩尤与炎帝，战场都是在轩辕之丘周围。其作战都是由黄帝亲自指挥；而黄帝的“胜四帝”，则是四面出击的一种远征，这就不一定所有战事都是黄帝亲自率军前往、亲自指挥了，而大多是派将领兵出征而完成。如此，不用兵符是不可能的。而要用，发出去，征战结束后各各回到涿鹿的轩辕之丘，就有着一个收回所发兵符的问题；黄帝战蚩尤、战炎帝，战争虽然规模比起四方征战来要大得多、惨烈得多，但臣下为叛，胞弟挑战的内乱，虽胜犹悲，自也不会举行一个什么样的仪式来庆贺一番。而黄帝四方征剿，一统神州大地，就是十分重大的喜事了，择日选地，聚集所有出征凯旋的将士，举行合符仪式隆重庆贺，就是十分自然的事了。所以，合符釜山，并非无关紧要的一般性历史事件，而委实是我中华五千年历史上的第一个开国大典及其盛大的阅兵式。

“釜山”同“桥山”一样，都是司马迁述史中用汉代通用之字而作的记载，春秋时代之前无“釜”字之用，而用“鬴”，它是一种陶质计量之器，量粮而用。其制：四升为一豆，四豆为一区，四区为一鬴。周代定制：“廪人掌九谷之数……食者，人四鬴，上也；人三鬴，中也；人二鬴，下也。若食不能人二鬴，则令邦移民就谷。”(4)因为这种陶质量器，在实际使用中容易破碎，到了战国时期，各国就都先后改用铁铸，此后就又新造出了一个表示为铁质量器的字——釜，其计量之制未变。到了秦汉之际，人们又造出了一种圆底、敛口、双耳的炊具，也叫作釜，实即现在还有人使用的双耳铁锅。由此，“鬴”字也就成了一个人们不常用的冷僻字，正因为如此，司马迁就使用常用字记作“釜山”。釜山没有山，它是有熊国统一由国家监督烧制粮食计量之器陶鬴的地方。因出陶窑后待运往各地的鬴堆积如山，故俗称其地曰“釜山”，在当地人的口音中，读“鬴”音近于“矾”，后世则讹书为矾山，它位于黄帝都城以南的地方，是一片很平坦的土地，黄帝战蚩尤造指南车就是在这个地方。元代的脱脱负责编撰《辽史》，望文生义而作附会，就说：“山出白绿矾，故名矾山。”(5)这种望文生义的附会，由于知识欠缺，就闹出了笑话：白矾又称明矾，是铝的硫酸化合含水物，即氢氧化铝。绿矾，也称作黑矾，是铁的硫酸氧化物，即硫酸亚铁。矾山的土地上哪里会自然产生这些化工产品呢？

鬴山合符，可能因历史的隔膜，后人对此事并不多么在意。但是，当初的轩辕黄帝则是对此极为重视的，五帝时期的官员们对此是重视的。所以，将黄帝葬地穷山（今称桥山）之南的一个小盆地，亦命之曰“鬴山”。后世人为了区别这两个音同、字同的地名，就将黄帝建国合符的鬴山称作“大鬴山”，对黄帝葬地穷山之南命名的鬴山谓之“小鬴山”。这，就是涿鹿县特殊地名“大矾山”、“小矾山”的由来。

因为“釜山”地名来历独特，历史上因新旧事物交替而用字有别，实际地名依音而记出现讹变，再加上隋朝至明朝又有几件具体历史事件与此地有关，就给释地造成了一定的“疑惑”：

1. 隋朝，古涿鹿地曾一度为涿郡所辖，即涿郡下辖的怀戎县。

2. 唐长安二年（702 年）将妫州怀戎县治东移 100 里至清夷军城，而州、县名称不变。

3. 后晋天福元年（936 年）石敬瑭将古涿鹿地送给契丹，整个宋代未能收复失地。

4. 元顺帝至元四年（1338 年）古涿鹿发生毁灭性大地震，民死几绝。此后从山东、山西、湖广移民 100 多年，因而明初此地行政建置处于有名无实状态。由此，述史释地中多生误说和附会。

5. 还有在解释釜山上产生错误而人们难以察的原因，因此，我们也就不得不多说几句了。

《大魏诸州记》记载历山之文是：“下洛城西南四十里有潘城，城西北三里有历山，山上有虞舜庙。”而《后魏舆地图风土记》引用之文，变成了“潘城西北三里有山，形似覆釜，故因名之。其下有舜祠、瞽叟祠存焉。”(6)“《唐韵》：郎击切。《集韵》：郎狄切。音歷，瓦器，或作䍽。”(7)后世有的地理志，又依《后魏舆地图风土记》所附会之“形似覆釜”继续附会曰“故名釜山”(8)，这样，历山，在有些地理志书上就变成了“釜山”，尽管其记载的地理方位未变，山上有唐尧庙、虞舜庙、瞽叟祠亦未变，这就给一些不爱动脑子，也不进行研究，反而爱显摆的人附会历史提供了所谓的“根据”。《括地志》一书就是个例子。

《括地志》一书，是唐初李世民之子李泰命著作郎萧德言、秘书郎顾胤等人编撰的地理志书，署名为李泰，成书于贞观十六年(642 年)。该书是依贞观年间的实际道、州、县建置、隶属、辖地，和当时实际使用地名而行记述地名、山川、河流、历史遗址、历史遗迹的。虽然，《括地志》一书在解释历史遗址、遗迹、地名中，也有不少错误。但是，从总体上说，《括地志》的写作是认真的，特别是由于此书是依唐初实际行政建置的道、州、县记述历史遗址、遗迹，这就给后世引用者提供了很大的方便，唐以来述史释地学者多有引证。唐朝的张守节为《史记》作《正义》注，就多引此书。但是，他的引录却出现了一处不引人注意的错误：

《史记·五帝本纪》述黄帝“合符釜山”，张守节注曰：“《括地志》云：‘釜山在妫州怀戎县北三里，山上有舜庙’。”有舜庙的山是历山，而非“釜山”。此处将建有唐尧、虞舜庙的历山，称之为釜山，并引之以注释黄帝合符史事，就是一个严重的错误了。

张守节依《括地志》记述妫水、妫汭、舜井、舜都、历山尧、舜庙之所在，在解释“历山”及舜为“冀州之人”上是正确的；而引之以释“釜山”就是错误的。由于《括地志》一书亡佚，后世无法查对，而张守节治学态度又比同朝的司马贞要严谨得多，再加上研究历史、历史地理的学者，多有从书本到书本、而不做实地调查、不求辩证的通病，这样，在“釜山”实际地理位置的解释上，就有了误将“历山”作“釜山”的解释。至于涿鹿县负责文化工作的官员，都是错把“历山”释作“釜山”，且信而不疑。不过，尽管如此，不论是什么人，还是合并不了历山与釜山的。

第一，历山与釜山，其地理位置所在不同，其所承载的历史事件不同，这些都有明确的记载，混同不了。对历山历史事件和所在地理位置的记载，如我们在《舜耕耘的历山在何处?》一节所举，有几十条，谁能将此抹掉?

第二，凡是认真研究的专家学者，特别是地理学家们，都能够知道历山与釜山的地理位置。例如中国社科院组织、谭其骧先生主编的《中国历史地图集》对涿鹿县的桥山、历山的标注地理位置就非常正确。此附一幅隋代、一幅辽代有涿鹿地方的地图，就能说明问题。

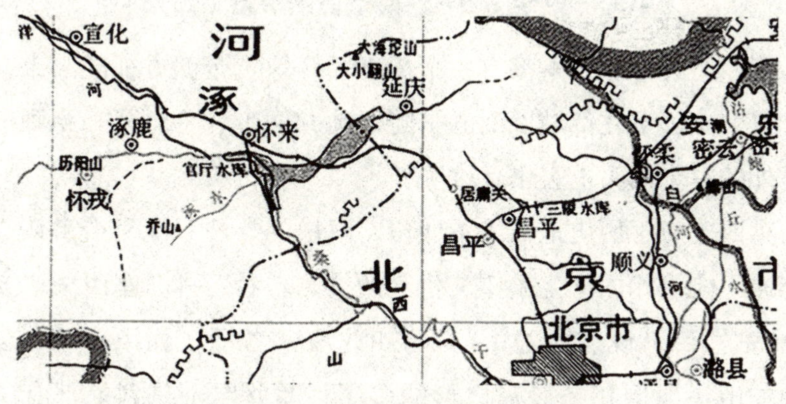

《中国历史地图集·隋·河北诸郡（局部）》

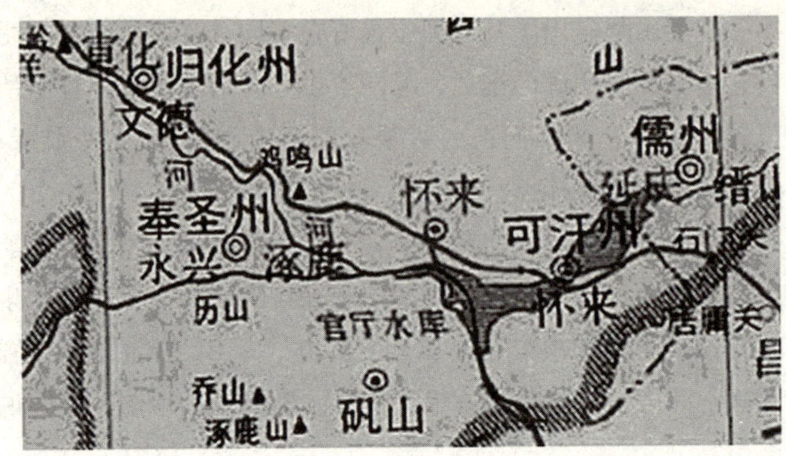

《中国历史地图集·辽·南京道西京道（部分）》

第三，凡古今之事都有一个情理：轩辕黄帝四方征战结束，举行合符大典，不在都城以南的平野之地，而带领千军万马跑到七十多里外的一个山头上去干什么呢？

第四，对于历史地名弄不明白，解决的办法只能靠严肃认真地研究，不能当相面先生搞望文生义的推测，看着哪一座山头“如覆釜之状”[(9)]，就说是“釜山”！若如此法“考证”而下定论，全国各地的山头像倒扣一口锅之形的多了，如此岂不是到处都有“釜山”了吗？若到处都有“釜山”，也就等于没有真正的历山了，因为形状一样，靠相面何以分辨？

第五，涿鹿县旅游部门的负责人，就是非要将轩辕黄帝合符之“釜山”硬与虞舜帝耕耘之“历山”合并，将历山解释、宣传为“釜山”，并且还要在历山上建亭、立碑，用以篡改历史遗址与地名。这种固执的宣传，其本身就荒唐得钻头不顾屁股，自相矛盾而经不起一驳。

轩辕黄帝建都的“青丘”，后世称之为“轩辕之丘”，再往后叫“涿鹿城”，南北朝时，此城毁坏后，史籍记之为“涿鹿故城”，明代以后称“轩辕城”，现在人称“黄帝城”，它距舜耕耘的历山70多里。黄帝举行开国大典时所进行的收合战时发出的兵符的仪式，是在都城前面的平野之地，也就是现在建“合符坛”的地方。而根本不会千军万马跑到七十多里外的山头上去举行，这是历史常识。而硬将历山解释为“釜山”，那现在建于黄帝祠前面合符坛就应当拆除，将其移建在离黄帝城70多里以外的窑子头西山才对！

注释：

（1）指《尧舜史迹考》一书。

（2）《史记·五帝本纪·索隐》。

（3）《太平御览·卷第五百九十八》。

（4）《周礼·地官·司徒》。

（5）《辽史·地理志·奉圣州》。

（6）《太平御览·卷四十五·地部》。

（7）《康熙字典·午集上·瓦部》。

（8）《括地志辑校》，中华书局1980年版，第108页。

（9）赵育大：《黄帝、蚩尤与涿鹿》，载《先秦史研究》1996年第1期，第57页。

千年沧桑话妫州

千年沧桑话妫州

谷新声[1]

中国历史上的大唐时期，西北部有一个叫作突厥的游牧民族，作为大唐设在如今张家口市最大的行政区域妫州，与突厥之地地缘相接，在大唐与突厥的恩恩怨怨中，伴随着唐朝度过了100多个春秋。这100多年中，妫州与突厥既有过和平的相处，也有过艰难的融合，更有过兵戎相见的战争。这100多年中，妫州和她的百姓既经历了耕耘与发展的喜悦，也饱受了战争的苦难。公元683年和698年，突厥人两次兵进妫州，不仅使当地的生产和生活秩序遭到严重破坏，而且对唐代武则天当政时期的内外政策也产生了重要影响。

突厥的起起落落

说到妫州，不能不说到与之地缘相接的突厥。突厥是中国古代一个以狼为图腾的游牧民族，先世源于丁零、铁勒民族。南北朝时期铁勒住在叶尼塞河上游，后南迁至今新疆博格达山一带。公元5世纪，铁勒民族的一部分被柔然族征服，成为柔然族的种族奴隶。柔然奴隶主将被征服的铁勒部族迁居今阿尔泰山南麓，专门从事锻铁，所以，铁勒部族又被称之为“锻奴”。

公元5世纪后叶，北魏太武帝多次击败柔然。这时候，被柔然奴役的“锻奴”发现柔然势力大大减弱，便不断进行反抗，逐步摆脱了被奴役的地位。当时，因“锻奴”所居的阿尔泰山形似战盔“兜鍪”，而“兜鍪”又俗称突厥，所以，“锻奴”部落便以突厥命名。

突厥正像他们所崇拜的图腾——狼一样，不仅适应性强，而且嗅觉敏锐，凶狠果断。公元546年，突厥打败并吞并了铁勒部5万余落（户），势力逐渐强盛。公元552年突厥打败柔然，势力迅速扩展至整个蒙古高原。他们以漠北为中心，在鄂尔浑河流域建立起幅员广阔的突厥汗国，并创造了中国古代北方民族最古老的文字——突厥文。

突厥汗国建立之初，中原地区北齐与北周政权并立，双方慑于新兴突厥汗国的军事实力，都采取向突厥纳贡、和亲的政策，以换取突厥帝国的支持。而突厥则借机以和平或战争手段，获得了大量经济利益，使突厥汗国迅速强大。

隋唐时期，突厥与中原政治、经济联系密切，据《新唐书》、《旧唐书》的《突厥传》载，记载突厥历史的《阙特勤碑》碑文汉文为唐玄宗撰写。这时的突厥，对中原势力恩威并施，抑强扶弱，不时直接出手，借以保持、提高自己的优势地位。特别是中原发生政权更迭之时，突厥多以军事手段进扰中原，掠夺人口和财富。当中原势力强大时，突厥往往因内部斗争激化发生分裂，依附于中原。另外，游牧族受自然条件的约束很强，遇上干旱、大雪、蝗灾、瘟疫，便会急剧衰落。突厥在它200多年的历史中，先后经历了西突厥、东突厥和后突厥三个阶段。在与隋唐相伴的近200年中，公元599年，统一于隋朝；公元638、659年又两次统一于大唐。

突厥的生命力很强，总有“野火烧不尽，春风吹又生”的劲头。每次统一后，他们忍辱负重、老老实实，一有风吹草动便死灰复燃。唐高宗晚年，朝政混乱，投唐的突厥人便断断续续地进行叛乱，公元680年他们建立了东突厥汗国，再次形成了令人畏惧的整体。之后的60多年，突厥虽然也有过短暂的辉煌，然而，面对大唐不断的军事打击和分化瓦解，它的势力越来越弱。公元742年8月，唐玄宗招抚回纥、葛逻禄、拨悉密等九姓突厥部属，开始了除掉突厥的最后一战。回纥在打击突厥长期战争的尾声中充任了主力，公元745年，回纥怀仁可汗攻杀了突厥最后一任可汗——白眉可汗，将其头献于长安，后突厥汗国亡国。突厥部落一部分投降回纥，一部分西迁中亚，另一部分南下附唐。

突厥是中国历史上一个了不起的民族，假如它面对的不是强大的大唐帝国，可能会有更大的作为。然而，历史没有假如。东突厥汗国彻底灭亡之后，突厥作为一个政治实体，在威胁隋唐统治近200年后终于退出了历史舞台。司马光在《资治通鉴》中写突厥汗国灭亡时如释重负，他说：“于是北边晏然，烽燧无警矣。”

注释：

(1) 谷新声，男，1954年1月出生在河北省涿鹿县，就读于师范院校，先后在涿鹿任教师、公社团委书记、团县委副书记、县委党史研究室主任、县委组织部常务副部长等职。2006 年退居二线后任涿鹿历史文化研究会会长、《涿鹿县志》主编。从 1969 年起，先后在报刊上发表文学作品、人物传记、历史研究文章 200 多篇；主编《中共涿鹿县组织史》、《鹿野风云录》、《涿鹿县志》等书。

高开道怀戎称王

谷新声

唐朝初年，隋末的农民起义军领袖高开道，在怀戎县（今保岱）自称燕王，妄图与新建立的唐朝对抗，打出一片天地，建立自己的天下，结果兵败身亡。

花和尚造反

涿鹿县上、下洪寺一带，古代有座洪门寺。到隋唐时期，洪门寺香火兴盛，仅和尚就有几百人。怀戎县（今保岱）洪门寺（今洪寺）有一个住持叫高昙晟。这家伙身入佛门，却不好好诵经念佛、修身养性，却做些与佛门格格不入的事。他暗暗地串通僧人说："人活一世，图的是什么，是高官厚禄，吃喝享乐。咱们这当和尚的，连个老婆都不能讨，整天吃斋念佛，有什么意思！"那些僧人大多出家为的是有口饭吃，也有的是因为犯了法，出家为的是躲避灾难，真正信佛的人没几个。他的话，许多僧人都有同感。有人就问他说："我们该怎样办？"高昙晟说："那就看我们自己了，只要大家齐心，咱们就能做高官，骑骏马，讨老婆，过花天酒地的生活。"于是许多僧人就对高昙晟说："我们听你的。"高昙晟经过多次密谋，偷偷在洪门寺养起了僧兵。

洪门寺所在地洪寺村每年五月二十三都要举办一次庙会。这一天，周围三五十里的百姓，都要来上香拜佛。庙会上还有唱戏的，打把式卖艺的，人山人海，比过年过节热闹多了。

唐高祖武德元年（618 年），洪寺村又赶庙会，隋朝怀戎县令在庙会上开设了粥场。粥场旁搭一个席棚，县令和县衙官员在那里观庙会。

高昙晟听说怀戎县令在庙会上，且带兵不多，便带领着五千僧兵，向粥场冲来。他们有的拿着大刀、钢钗，也有的拿着狼牙棒或三节棍。他们冲进庙会，庙会上的人都自动给他们让出一条路，并惊骇地望着他们，不知他们要干什么。

县令也发现了这边的情况。县令曾听人说洪门寺主持高昙晟密谋造反，但没真凭实据，也没放在心上，看到今天这情况，知道他们果真是要造反了。他立即命令保护他的两千士兵应战。士兵们就和僧兵枪对枪、刀对刀地打了起来。

他们这一打，庙会上的人不一会儿都走光了。僧兵和官军在庙门前空旷的野地上一直打到日落西山，县令被逮住杀掉。当夜，高昙晟带领众僧兵拿下了怀戎县城，高昙晟自称大乘皇帝。高昙晟平时就和静宜尼姑有勾搭，这回便堂而皇之地封她为皇后。跟他一块儿起事的僧兵头目，封为文武大臣。封完之后，高昙晟总觉得自己朝中力量单薄，众僧兵虽然都有些武艺，但人数太少，更要命的是没一个懂的打仗的战将。要和隋朝廷对抗，不能没有一个武艺高强，且又精通战略战术的武将。想来想去，忽然想到了高开道。

高开道称王

高开道是沧州信阳人，家里人以熬盐为业。他从小就很勇敢，跑起来能赶上奔驰的马，人们都叫他飞毛腿。隋大业十二年，高开道跟随格谦在河间郡盐泽里举兵起事。高开道同隋军作战屡建战功，深得燕王赏识，遂擢为将军。起义军很快发展到十余万人。格谦自称燕王，率军与隋军几经决战，兵败被杀。高开道收拾余部北上渔阳郡（今密云县），他有马数千匹，有兵一万多。高开道的名字和他的事，高昙晟早已知道。高昙晟想，若是把他请来，二者合一，对付隋朝的力量不就增大了吗？于是，他便遣一个会说话的人去了渔阳。高开道在渔阳也觉得势单力薄，也正想找个合伙的，偏巧怀戎县高昙晟去请他，他便很痛快地带上全部人马来到怀戎县城。高昙晟热情接待，并按照事先应诺的条件，封他为一字并肩王。就是说，他和高昙晟都是一样的地位，大乘国由他二人共同执掌。

没过多久，高开道发现这伙和尚都是吃喝玩乐之徒，根本就不是胸怀远大、立志干事业的人。高开道虽为一字并肩王，可高昙晟什么事都不听他的。他们任意地胡作非为，怀戎城有三百六十个财主，高昙晟手下有三百六十个大和尚，高昙晟叫三百六十个大财主一家养活一个和尚，那些和尚们嫖赌成风，吃喝无度，他们喝茶倒掉的茶叶，顺怀戎县城的妫水从城里往东一直流到五里外的茶坊。他们搜刮百姓，要什么就得给什么，不给轻者打骂，重者杀头，老百姓叫苦连天，背地里骂他们是吃人肉喝人血的秃驴。

高开道实在看不下去，也忍不下去，密令他的军队，一夜之间，把那些掌权的和尚都杀掉了，当然也包括高昙晟在内。高开道吞并了高昙晟的军队，在怀戎称燕王，年号始兴，并设置百官。

张金树逼主

公元621年（武德三年），唐将罗艺守幽州（今北京），被窦建德起义军围困。高开道为了拉拢罗艺，想让他归顺自己，便驰往救援。窦建德知道高开道作战骁勇，不战而退。唐朝廷鉴于高开道是个人才，命罗艺遣使劝高开道降唐。降唐并不是高开道的目标，他要的是自己的江山，但鉴于唐朝廷实力强大，他便采用缓兵之计，答应了罗艺的劝降。降唐后被赐李姓，授蔚州总管，封北平王。

当时正逢幽州大饥荒，高开道明着答应罗艺以蔚州、怀戎之粮济幽州灾民，暗中却北连突厥，南和刘黑闼，布置歼灭罗艺，共同反唐之计。罗艺发兵三千，车数百辆，驴马千余匹，到蔚州、怀戎运粮，高开道将兵马全部扣留。之后，他们连续攻克恒州（今河北正定）、定州（今河北定县）、幽州（今北京）、易州（今河北易县）。

如果说隋朝末年赋役繁重，灾荒连年，民不聊生，高开道起义是为民请命，本应受到老百姓和起义官兵的拥护，但，这次起兵反唐却给老百姓带来许多苦难，受到老百姓和官兵的反对。公元624年（武德六年），他的部将张金树在高开道亲兵内部设伏，佯以戏嬉，藏其刀杖，断其弓弦。深夜张金树一声号令，亲兵内外夹击，将高开道围困在大帐中。高开道披甲挺枪而出，见重围如堵，绝境难逃。无奈先缢死妻妾子女，后自杀。张金树率众归顺唐朝。

唐朝讨平了高开道之后，于潘城置妫州治，下辖怀戎县。武则天于长安二年（702年）将妫州与怀戎县治一并东迁到清夷军城，也就是旧怀来城。

怅望魁星楼[1]

刘存根[2]

溪源村东山梁上有一座小小的魁星楼。这小楼远处望去清瘦矍铄，古朴简约，它与周边的景致构建出了一种白云飘野鹤、秋菊挂南川的田园意趣。凡到过溪源村的人都对这座小楼留下了很深的印象。

据说这座小楼是明代的建筑，砖木结构，六角两层，具体建造年份不详，但工艺十分精细，从残留的砖雕和木结构上清晰可辨。想当年，溪源村凭借天设地造的龙门三叠翠，数百年独领涿鹿山水风骚。正如那古诗所赞："云飞峭岭松涛急，石溅香泉涧壑幽。更爱村墟如画处，杏花零落李花稠。"那个时候，魁星楼与这绝美的景色相映成趣，文人墨客至此总要登临小楼，拜谒魁星，祈求灵感，潇洒斯文。那小楼曾是人们心中的圣哲，眼里的文魁，月下的婵娟，朝霞的云鹤。人们赋予了它多种象征，期盼它带来好运。

然而，这种垂爱在无情的岁月面前终究难得地久天长。人们对它的热情随着龙门叠翠景点的消失几乎冷却到了冰点，人为遗弃损坏的痕迹似乎更胜于风雨的摧凌。时至今日登丘近观，小楼已成一座危楼。

断裂的砖墙，悬空的柱石，残破的顶檐，散落的楼梯，让人无不担心一阵微风吹过就会轰然解体，进入小楼更让人手里捏着一把汗。

魁星是北斗七星的首四星，首为魁，故被奉为主宰文章兴废的神。民间有“魁星点斗，独占鳌头”之喻。既然那遥远的灵光难以庇护专门为它设置的祭坛，当然就更无法期望它保佑山里的学子金榜题名。在人们的心中这神已是无用之神，小楼自然也就成了废楼，它何时倒下，全然无人关心。孑然无助的小楼只有坡脚下那株枯栢与其相依为命，它伸出了两条仅有的细枝，想去扶持这座危楼，却又自顾不暇，只得在风中摇晃着手臂，发出无奈的叹息。此情此景，着实令人望着苍凉，思绪怅然。

也许某一日的早晨，人们再也看不到朝霞里翩翩起舞的云鹤，一堆残砖朽木将宣告小楼命运的终结。不知那时村里的人们或者慕名而至的游客仰望空旷的蓝天，心中会作何种感慨。将来他们给后代讲述历史时，只能遥指空山，无限失落地说：这里曾经有过一座小楼。

是的，我们曾经有过许多非常优秀而杰出的东西，有些是在我们前辈手中丢失的，有些是毁在我们手里。眼看着一座小楼任凭风雨浸蚀而无所作为的麻木，无异于亲手拆掉这座小楼，一样不可饶恕。小楼既是一处景点，也是历史进程中的标石，而所标划的正是我们自己的历史。今天它依然妆点着我们的生活，丰富着我们的视野，成为我们与过去对话沟通的纽带。我们应该把眼光放得更远一些，去精心呵护仅有的几处人文遗踪，让文明的燧石碰击出更加理性的火花，为明天的山川留下一片历史的足迹，这是我们的职责。绝不能把魁星楼只看作是明朝留下来的存亡两可的孤老遗少。

魁星楼虽小，它依然是人们视线中的一道风景。今天的龙门已无叠翠，不妨我们去诗中寻觅仙踪。但魁星楼独为景致，令我们的阿睹有焦可聚，使山丘灵光闪现，村野增色，土壁生辉。

魁星楼虽小，它依然是人们精神的一个依托。那上面有先祖的希冀，有晚辈的缅怀，有一个个讲不完的故事。苦闷者登楼远眺，宽慰胸怀；孤独者可傍偎小楼，吐露心声。它是白天的日晷，夜里的守护神。

魁星楼虽小，它依然是故土文化的一个佐证。涿鹿山河秀美，底蕴深厚，人民勤劳智慧。魁星楼上的刻木雕砖、粉墙饰绘，显示出了一个地区民俗文化和建筑历史的丰富与久远，起到了窥一斑而识全豹的功效。

魁星楼虽小，它依然是悠久历史的一个注脚。五千年的大地，人文荟萃，曾经产生过无数人类智慧的结晶。它们闪烁在历史的天空上，编织出灿烂的文明锦章。但也有很多被久远的岁月淹没，得以存留的一鳞半爪尤其珍贵难得。小小魁星楼展示着涿鹿大地上曾有的最为鼎盛的明代创造的建筑奇观。

我们怅望魁星楼，深感抱憾于历史，愧疚于子孙。魁星楼一旦倒下，人们眼中的风景会黯然失色，精神会茫然无着，文化将痛失一个物证，历史将丢掉一个注释。由此试问：小楼你将何去何存？小楼答曰：快呼唤人们爱心的复苏吧，我不愿就此倒下！

注释：

(1) 刘存根：《履迹心光》，中国文联出版社，2004 年 10 月版。

(2) 刘存根，笔名木然。河北涿鹿人，其自幼喜爱文学和绘画，坚持业余创作不辍，有些创作体验和积累。其性情秉直，淡泊世事。喜游历山水，醉乐其间；尤擅长散文创作，作品贴近生活，坦述心迹，颇得中国散文大家林非先生赏识。

目前刘存根是中国散文家协会会员，中国散文学会会员、河北省作家协会会员，县文联副主席、县作家协会主席、县文学院院长、县北斗艺术联合会会长。有散文集、硬笔画册、诗文集在国内出版发行。作品多次在《人民日报》、《经济日报》等国家、省市级报纸、刊物上发表。散文集《履迹心光》一书获第三届中国冰心散文优秀奖。散文集《寒窗独语》获第八届河北散文名作奖一等奖，散文《桦林遐思》获张家口市“美丽中国梦，绿色张家口”征文大赛一等奖。其作品还先后获得过中国当代散文奖、第四届中国散文精英奖、第二届全国小说笔会短篇小说优秀奖等多个奖项，并有多篇作品多次入选国家级散文专集。《人民日报》文艺版为其散文集《寒窗独语》发表题为《桑干河水的滋养》文艺评论。

2010 年，入编首版《中国散文家大辞典》。

潘　泉(1)

杨素梅(2)

潘泉是我老家保岱村中的一眼泉。

老家早时曾是舜都圣地，后又改称潘城，那眼泉也就叫潘泉。

潘泉在村西一片茂密的草丛中。其实是因为泉水的滋润才使得那草成丛连片，形成一滩沼泽。草根泉眼处，水湫湫地喷涌着，一圈圈扩开去。水呈墨色，无人知其深，也无人说得清其喷涌了多少年。村上老一辈人只说其深不可测，内有簸箕大的红手掌，所以无人敢走近。人们只能远远地站在泉边窥伺。

泉水流出草丛，先跌入一十几亩大的鱼池，在鱼池里蓄积满后再溢出。因其深，鱼池水呈绿色，溢流出来后又无了色，变得晶莹洁白。晶白的小河水，潺潺穿过村庄一路向村东淌去。一部分入村东一座几亩大的沤麻坑，一部分继续东去。

池塘里养有鱼，村人不懂得吃鱼，从不钓捞也不喂养，一任鱼儿自生自灭。池里究竟有多少鱼也无人知晓，只听胆大的男孩子们到塘里游水时，觉出鱼在腿胯间撞来撞去。

小沙河水旁是个热闹处，从夏到秋每天有姑娘们在河边洗衣裳。河水清亮至极，河底圆圆的白石褐石颗颗分明，河边洗衣的长石条排列成行。沿河边有一溜很粗的老柳树，老柳树们都弯腰曲背，柳条儿伸手可抓，似在听姑娘们的笑语嬉闹。柳树下长长的柴栅上，搭满了花花绿绿衣裳和被面。沿河两岸是菜田麦地，一畦畦麦地，一格格菜花，一架架黄瓜，一串串豆角，浓绿间杂着鹅黄点着桃红。这菜地合了分，分了合，几经变迁，也足够全村人吃。菜地后是大片老梨园。

那时，村里种不少白麻，七八月间割了麻装在沤麻坑里沤。沤过的麻剥掉皮用来打麻绳。夏秋，池塘沤麻坑里的青蛙此起彼伏地叫，人们坐在村口讲古话说新事，听一声声蛙声。不沤麻的季节，就成了孩子们的游泳池。记得我们一伙念高小的女孩子也野性十足，敢在午后人们歇息时跳进水里扑腾几下，一次玩得竟误了下午上学，被老师罚站了一堂课。

后来农业学大寨，在泉眼旁挖了大口蓄水井，潘泉从此没了水，鱼池也干涸了。放鱼时，老人们说鱼大的有十几斤，一个人抱不住。放了水，鱼塘先种庄稼，后来就批了房地基盖上房。

泉没了，小河干了，麻坑枯了，菜田麦地也随之消失，而房子却年年扩展，挤占了打谷场，占了老梨园。老家变得难以相认了。潘泉消失了，那个有水有树有菜田麦地的老家永远留在梦中。

注释：

（1）杨素梅：《五味瓶》，远方出版社 1995 年 11 月版。

（2）杨素梅，笔名青杨，女，1952 年生于河北涿鹿县保岱村。1972 年高中毕业，后又自学中文取得大专学历。曾当过教师，做过合同工，还做过个体经营户，后进入县文联当编辑。有著作多部。现为张家口市作协理事，河北省文学会会员。

历山下的石头街巷

杨素梅

在寻觅舜都遗址的进程中，说到舜都潘城西北历山上的鸿蒙寺，就不得不先说说去鸿蒙寺路上、历山脚下村庄里的街巷。无论是那古潘城遗址上的保岱村，还是古“姚墟”的窑子头村，到处都是步步登高的石头梯坡，到处是盘绕回旋的大小石头铺陈出来的胡同。那不知道人们行走了多少年代的磨得光洁滑润的石头，蕴含着多少历史遗韵，包容着多少文化内涵！

不论是去看四千多年前遗留下来的尧庙、舜庙基址，或者是察看历山主峰上的鸿蒙寺 72 座庙殿的残砖，都得从保岱与窑子头村那回环往复的石头梯坡上，一步一步地攀登而上。同时，这一路上就可以观看明清时期的砖雕的各式老门楼。在那一个个的门楼下，依然是石头的缓坡，进门后还是石头铺出来的甬道，那甬道上的石头还铺出各种几何形状，或版画式的简明花纹。

在没有水泥的年代，大自然特有运动而形成的石头，就是人类生存离不开的珍贵建材。凡是由石头砌墙石头铺路甚至石片为瓦的村庄都是非常古老的村庄，都是有阅历的有故事的古人类居住地遗址，要比后来的砖瓦房黄土路或水泥路远古得多。这些古老的村庄都有各自的传奇经历，最先来居住的人不是俗世隐者就是出世僧人，不是耐得住寂寞的圣贤就是甘愿清贫的志士。

石头街

穿越那一条条石头街巷，那与村庄一起诞生的石头的街巷、石头的墙基、石头的房墙，就如重回那没有砖瓦建材的尧舜时代，或黄土板夯城堡的夏商周时代，亦或石条堆垒长城的战国时代。这走了数千年的石头的梯坡甬道，在岁月的风磨雨蚀及人脚畜蹄磨砺下，一块块不仅光洁滑润，而且花纹清晰，色泽杂错，五颜六彩，显得越发的好看。所有的石头都是大大小小的河卵石，大的如人头，小的似孩拳。让人无不想象昔年里，我们的先人们因为乱世逃难还是兵变躲灾，从别处跋山涉水迁徙，他们寻寻觅觅，最后选准这山环水抱的风水宝地住下来。他们挖窑洞或搭茅草安顿下一家老小，然后一块块从河滩找来石头，砌墙夯土建屋，再一块块铺设在脚下当路，他们挑选着每一块滚石，严丝合缝地错落排列着。那时的人们，做这种事只是热爱生活，只是在自己的劳作之中，用那粗糙的手指蘸着从额头掉下来的热汗，用石头在土地上书写他们的审美观点。他们大约谁也没有想到，他们铺砌的石头街巷存在了这千百年，福荫了一代又一代人。同时，又让我们从这里品读了中华传统文化。

石头院地面

石头们的经历比人多，看到的比人多。或许，唐尧、虞舜两位圣人从上面踏过，也许太史公司马迁来这里考察时走过，还有那北魏时期来历山上祭祖的拓跋氏皇帝们，及后世一茬茬寻根的华夏子孙们，都从这石头梯坡上走过。于是，石头街巷驮着五千年来的唐尧虞舜的足迹，驮着春秋战国的烽火，驮着汉唐的砖瓦，听过圣贤们的笑谈，听过后代帝王们的赞颂，听过更后来子孙们的叹息。在它们漫长的记忆里，有无数的传奇，有不朽的故事。所以，现在的人们是不能忽视这铺在路上趴在墙上的石头们的，而且应该很好地尊重这些石头们。石头的街石头的巷石头的墙，那是凝固了的时空，是定了格的岁月，是历史的见证者，是中华历史的讲述人。

石头的街巷被踩踏了几千年，仍旧纹丝不动。雨季，街巷里被冲洗得更加清新，石头们越发地光亮，千年还那么牢固地镶嵌在大地上，焊接在村庄里，古老成悠久。我想，面对现在这石头，首先想到的就是奉献精神，就是诚实，就是守信，就是忠于自己的职守……

去历山的路上。看到石头铺路的村庄，历经沧桑变换，苍老得斑驳枯萎，搬迁留下的一座座老院杂草丛生，那石头的街巷房墙，已经很少有人来了。人们不愿再走高低不平的路，不愿道路的曲曲弯弯，而去追求水泥路水泥房，追求雷同，追求人云亦云。但却没有了曲折回还的美，没有了蜿蜒隐现的神秘，没有了绿树掩映的内敛，也没有了山缠水绕的秀气，没有了雨天过后石头街巷的清新，也没有了如画的特色与诗意般的风采。

石头铺路的古老，这一份快要被人们遗忘，甚至快要被毁损的荒芜与寂寞，恰是最值得讲说的华夏文化记忆，一种能阐释历山岁月悠久的注解。因为，石头铺出的路知道唐尧虞舜推位让贤的社会历史意义，会准确地阐释“唐虞之道”，会叙述什么是忠，什么是孝，什么是宽恕，什么是和谐，什么叫作敬天爱地亲民……历山下的石头街巷，每当我走在上面，心中便产生无尽的联想！

村　戏(1)

杨素梅

老家的村戏几起几落，停停办办，却一直也没断了。

自己的戏班子散了伙，一时组织不起来，就请外地的戏班子来唱。大多是请山西的或内蒙的晋剧团来唱传统晋剧。因为老家紧挨山西和内蒙，不少老家老人们说他们都是从山西老槐树下迁来的移民。所以普遍爱听山西梆，也爱唱山西梆。特别是《打金枝》、《金水桥》、《打渔杀家》等百看不厌，几乎人人都能哼上几段。虽是河北省人，却从来不爱听河北梆子。

外边的班子请了一阵，本地的班子就又团拢起来。大概是那些戏迷们听人家唱得嗓子又痒起来，又想吼几声。或是有戏迷当了主事的村干部，便又把村剧团拾掇了起来，一伙旧人凑在一起温习温习，就有几部戏出了台。

村里的戏班子也叫剧团，可唱的戏却被人们叫作秧歌。剧团一进腊月门就开始排练。一腊月村里白日黑夜就响起了铿铿锵锵的锣鼓声和悠悠扬扬的胡琴声及咿咿呀呀的梆子调。村里也就有了年的气氛，添了一份年前的红火，喜气。

村剧团排练了一冬天，从大年三十晚上舞台正式演出后，白天一场晚上一场，一直唱到大年初五，正月十四又开始唱，唱到正月十六，还不唱重样的。

唱戏的日子是村子里最欢乐火爆的日子，家家迎亲待客，户户宾朋满座，人人干鞋净袜，个个喜笑颜开。一个村唱戏，附近十里八村的人都会集拢了来。本村也必得打发人去请七姑八姨来看戏，如不请，也定会惹得亲戚们不高兴，再不登门。请了叫了由他们来或不来，自己的礼数是到了。于是，被请的近处便步行或骑车搭车来，远路的就赶了马车，或乘三轮来，山里的亲戚便骑了自家养了送肥驮粮的小毛驴儿来。

那些个日子里，唱戏村子里的人家户户迎亲、待客，打酒割肉。有客的人家还得让孩子们扛了长凳早早去占地方，凳子是给客人或老人坐的，自家人作为陪客坐在外边。戏没开演，人们便提前一个小时坐满了台场，女人们扎堆叽叽喳喳地拉家常，互相打问棉衣拆了吗？缝了吗？小孙子乖吗？男人们大多站在圈外或蹲在墙根下。这时的男人们也被自家女人呵斥着换上蓝生生黑森森的新衣，穿上了崭新黑鞋白袜。他们大都仰了头听戏文，听到入迷处，嘴巴张得大大的自己也不知道。

这时的孩子们最疯也最乐。大人们因为有客也因为心情好就对他们宽容了许多，他们可以早早地跑出来，迟迟地归家去。可以花一些压岁钱买冰槟果、买气球、买鞭炮，可以在大人们中间钻来钻去地捉迷藏，可以不吃饭，因为他们兴奋得连饭也吃不到心里去了，扒拉上几口饭就又被小伙伴喊着跑了去。那些还离不开大人的稍小点的孩子便可以骑在父亲的脖子上或坐在爷爷的肩头，高高地做一回“人上人”。母亲们和奶奶们见了就满意地远远躲了，好轻松几天。

爱看山西梆子的人似乎也一天天少了。五十岁以上的老人还喜欢，因为他们懂得戏文内容，戏中人物和故事也知道不少，边听边互相讲解。而年轻一些的人则忿忿然了，他们嫌它节奏太慢，一个人坐在椅子上哼哼叽叽唱了半天，也不知唱的什么，让人觉得疲劳觉得无聊，便不在乎听戏。姑娘们勾肩搭背地一双双眼睛在戏台下小伙子伙里瞅来瞅去挑挑剔剔。小伙子们也成群结伙地在姑娘堆里挤来撞去，唱的什么戏全然不知，连戏名也叫不上来，却依然场场必到。

村戏是丰收了庆丰收要唱，遭了灾盼转运要唱，天旱了祈雨要唱，逢年过节更要唱。如今的村戏大多数是要各家按人头齐款的，虽然有些人稍有不乐意但也不反对。就图个红火热闹，图个吉祥，图个下年风调雨顺，大小人没病没灾，顺顺通通。

前不久，老家捎信来说，今年村里的剧团又唱戏了，唱了七天七夜。便很为老家人能在年时节过得有火色而高兴。大凡能够在年节里红火红火的，日子过得必是不再寒酸，否则决不会有这份闲心情了。

注释：

(1) 杨素梅著：《五味瓶》，远方出版社 1995 年版。

我的家乡美在水[(1)]

陈建明[(2)]

我的故乡在山里，巴掌大个村子挤在大山的皱褶里，人不过百余，地不足五顷，然而只要你提起四顷梁来，方圆几十里的人都知其名，名就名在水上。

这里的山，似乎并不高大，更难说得上雄奇，山色冉冉，多为山荆草棵之类，也许受到山梁的截拦重压，水却成了这里的盛产之源。

只要你沿沟而进，到处可以看到水。有从泉中流出来的，有从崖缝中挤出来的，有从沙石下钻出来的，有从石罅中冒出来的，无数股涓涓泉流，悄然无声地汇为一溪碧波，轻盈、欢快地沿河而下，在村外一里处的石崖上三叠而下，摔得飞珠溅玑。那高高漾起的水雾，似云似烟。细碎的水沫飞射四开，濡湿了两岸，人们站在那里，如同河沐细雨之浴，使你心情神爽，这便是涿鹿古八景中最奇特的一景——龙门叠翠。

到了冬季，这里又是另一番景色，飞溅在瀑布两旁的水珠，被寒风凝结在柴草上，自然形成了形状各异的冰雕，犹如玛瑙翡翠一般。再看那三叠而下的瀑布，则被冻成三口钻壁而坚的“冰缸”，水在中间飞流直下，清流透明，极为好看。

龙门叠翠确实山清水秀，风景如画。这里双峰并立，形状如门，在西峰的半崖间有一石洞，据传南华山盖天古佛在此修炼成神，因此而得龙门。这里山不高却玲珑雅秀，水不深则清澈见底。特别是春天，溪边花红草绿，沟中雾霭缭绕；山头松涛轻吟，谷底泉水叮咚，再加上几声婉转动听的鸟啼，越发显得谷深山幽。正如古人梁永祚在记事诗《春日过龙门观叠翠》中描写的那样：“平道烟横春色暮，丰谷风定翠光浮(3)……”

故乡的小溪又是女人们涤洗衣服的好地方，河边到处是浣洗的人群，女人们的搓衣声和嬉逗声时起时伏，草滩上晾晒的衣服花花绿绿，却又增添了几分斑斓。特别是中午，水泽边又成了孩子们的世界，一个一个剥得一丝不挂，时而撅着腚在水里摸鱼捞虾，时而在塘里学狗刨、扎猛子、打水仗……玩累了就抹一身泥，躺在石片上练“晒功”，晒够了又一头扎进水里。

在龙门叠翠的上端，便是龙门水库了。首先映入眼帘的是一座影壁和几栋粉色的房子，“华北美洲雁养殖基地”几个大字显得格外醒目，一群群美洲雁在水中游弋，更增添了一种情趣。

如果不是亲临其境，谁也不会想到，在这窄窄山缝里还有一汪碧海。水库的四周，开满了紫粉色的鲜花，犹如一个偌大的花环，镶嵌在水的边缘。沿着溪水的去向，则是起伏连绵的树木，挺拔的躯干修长整齐，郁郁葱葱，直刺蓝天。

沿着溪水逐渐走近，随着一个逼促的急转弯，一个阶梯式的村庄跳在眼前，这便是我的故乡。这个不易发现的村庄，掩在绿荫深深的山坳里，四周的青山和沟中的嫩翠把她包围得严严实实，这真是个人间少有的纯净之地。

进了村子，首先迎接你的就是一眼叮咚的清泉，这便是溪水的源头。这里的水，冬流一里不冻，热气腾腾。女人们数九寒天可以在泉边涤洗，没有手冷之感。夏季，男人们出工回来，都先到泉上提一壶新鲜凉水，喝上一气，顿时觉得心清身爽，疲乏大减。

是啊，俗话说，百灵鸟美，美在嘴上，家乡美，美在水上。正是因为有了水才使十年九旱的坡梁薄地有了那撩拨人心的鲜灵情韵，才使故乡大地泛嫩浮翠，景色诱人。

啊，我爱我的家乡！

我更爱家乡的水！

注释：

（1）陈建明：《脚步声声》。中国文联出版社 2009 年 5 月版。

(2) 陈建明，1950 年出生，祖籍河北涿鹿县千儿岭村，后迁居泉子沟村，其父殁后，随母改嫁，先居南黄崖头村，后居四顷梁村。读过两年小学，放了十几年羊。后经人举荐，先当了十七年乡邮员，因有《脚步声声》诗作，后又调入涿鹿县文联工作。是河北省作家协会、曲艺家协会、民间文艺家协会会员。有诗歌散文集《脚步声声》。

(3) 丰谷风定翠光浮——此诗句作者所引有误。原句为“半岩风定翠光浮”。

溪之源[1]

霍汉清[2]

四顷梁下水一湾，
溪源涓涓六十泉。
瀑布飞湍挂绝壁，
银龙腾空入深潭。
直泻匆匆激水磨，
曲流潺潺灌苇田。
才富家园出山口，
又惠乡邻济桑干。

这首小诗是二哥回乡劳动时即兴写的。我的故乡在涿鹿县武家沟镇的笔架山麓，她有一个充满诗情画意的名字———溪源。顾名思义，溪源者，小溪之源也。其实，真正的溪水之源并不在溪源村，而在距离溪源村近二里之遥五福山下的四顷梁。

少时，我曾多次沿溪直上探寻溪之源。在四顷梁村边的不足200平方米范围内分布着60多个小泉眼，或在草丛里，或在细沙内，或在石缝中。晶莹透明的泉水冒着均匀的细泡一股脑地涌了出来，涓涓细流欢快地跳跃着向低洼处奔去，不一会儿就汇集在一起。

在四顷梁村和溪源村的交汇处，有一石峡，溪水尽聚于此。向下，乃一绝壁，高20丈余，绝壁中间有两层台阶，溪水从石峡顺势直泻而下，跌落在两个台阶之上，形成了三层瀑布，这就是有名的“龙门三叠翠”，乃古保安州八景之一。古今文人墨客在此曾留下了不少诗句，其中清康熙八年编纂的《保安州志》就载录了5篇，尤以贡生杨养正的《龙门叠翠记》为佳。

瀑布下面为一深潭，曰“黑龙池”或曰“龙潭”。有人曾用一5米竹竿探底，结果将竹竿全部插入也未到底，可见潭水很深。

水出龙潭不足200米，便到了龙门。龙门，在溪源村口东沟。志书上说：“两峡对峙，如石裂天开；峭直齐平，疑鬼斧神工”。若从龙门外观看龙门，只见双峰耸峙，中间一线云天，溪水从两米多高的岩石上跌跌撞撞地滚落下来，飞溅起片片珍珠般的水花。我在村小学读书时曾登上龙门两侧的山顶。两峰之间约有两丈余，北方一侧较高，居高临下观看龙门，两侧顶部从岩层或从地貌看均好像人工劈开一般，若将龙门合拢，似可以变得天衣无缝；南方一侧比北侧低约两米，顺西坡而下30多米。沿绝壁往东攀岩走20余米，到龙门对峙处有一石窟，外口高约1米，阔约半米，窟中约两米高，四壁整齐，浑然天成，可容数人，西边有一石床，靠上有一天窗，造型之精妙，若非神工，岂是人造乎？

春和景明之时，到溪源村游龙门，观叠翠，探寻溪之源，更有一番景致。

从涿鹿县城西行 20 里，过桑干河，见一小溪，缘溪水直上 3 里，远远望见一葱茏小山，山顶有一六角二层小楼，行至山脚下就到了溪源村，向左 100 米便是龙门。

涉溪水，入峡谷，进龙门，眼前豁然开朗。龙门内为一山谷。但只见山谷内杨柳依依，桃花盛开，海棠花含苞欲放，蜜峰儿忙碌着采着花蜜，蝴蝶们晃动着艳丽的翅膀悠闲地飞来飞去，鸟雀或在水边或在枝头叽叽喳喳叫个不停。清澈见底的溪水不知疲倦地流淌着，在春日的照耀下泛起粼粼波光，绿树掩映着三两人家，不时传出几声鸡鸣犬吠声，置身此处，如进入仙境，又似步入桃源。

一阵春风吹过，传来了一阵哗哗的流水声，似暴雨，似松涛。循声望去，乃龙门叠翠也。

那瀑布从 60 多米山顶倾泻而下，仿佛美丽的白色绸缎从山石之间飘落下来，撞落在绝壁间的那两层台阶上，形成了三层瀑布，飞花溅玉般的洒满山涧，如烟，如尘。好一幅山水烟雨图！

我在故乡的土地上劳作了 13 年，几乎天天都能看到家乡秀美的山水。后来，我参加了工作，游历过许多名山大川，或许是我太钟爱自己故乡的缘故，我总觉得它们不知在什么地方比不上故乡的山，故乡的水。

这么多年来，我不论走到哪里也忘不了故乡，忘不了那喷珠吐玉的溪之源，就连做梦多半也是回到故乡。

我爱你，故乡，我爱你，溪之源。

注释：

（1）霍汉清：《溪之源》，转自 2010 年 12 月 23 日张家口网“涿鹿论坛”。

故乡的水磨

霍汉清

我们的祖先是非常聪明的，他们没有让潺潺的溪水空流而去，他们很早就学会了利用水资源，那纵横阡陌的水渠，还有那令人神往、令人回忆、令人难以忘却的水磨就是最好的见证。

在我的故乡溪源村，溪水从五福山下的溪之源涌出，汇集到龙门叠翠处直泻而下，沿着弯弯曲曲的溪源河日夜不停地流淌着，一直流到桑干河。

从村口的龙门到西崖底下不到半里地的地方，顺着溪水的落差，依着山势坐落着四座磨坊。

1966 年，也就是我们被遣回故乡的那年秋天，我第一次见到了水磨。那哗哗啦啦的流水声，轰轰隆隆的水磨声，还有那叮叮当当的箩面声，虽经过了二十多年的岁月沧桑，至今仍萦绕在我的耳边。

在城里，虽生活清苦，但我衣来伸手，饭来张口；虽天天粗茶淡饭，但也不愁温饱，最多和父母到粮食局买买粮。而到了农村，生产队分的全是带皮的“毛粮”，要想吃饭，一切都得自己动手。因此，碾米磨面就成了我生活的一部分。

那时，村子里还没有通电，碾米磨面全靠原始的方式加工，幸好村子里有水磨，才免去了许多辛苦。

也就在那年秋天，家里分了好多粮食。一天，父亲让我一起去磨面。于是，父亲背了一大袋子玉米，我背了一小袋高粱，拿着扫帚就到了我们所在生产队的磨坊。

走进磨坊，四处都是面沫和尘土，除了一盘土炕，一口炒锅，剩下就是那盘水磨和一些箩面的木盒和箩面的箩子，冷冷清清的没有任何东西。正面墙上歪歪扭扭地写有一首打油诗：“一进大门冷飕飕，十人见了九人愁。虽然不是监牢狱，受苦的人儿在里头。”那时我还小，也懂不了多少事儿，只是感到新鲜和好奇。

父亲把玉米倒在磨盘上，然后拉开水闸，用力推了一下子磨杆，下面那扇磨盘便转了起来。

不一会儿，玉米籽儿顺着磨眼下去就被磨成了碎粒，从两扇磨盘的中间挤了出来，跌落在木板地上，然后用簸箕撮起来，倒回磨盘上，如此几次，玉米便被磨成了面儿。这时，父亲摆好箩面的木盒子，放上箩子架，把磨出的玉米倒进箩子里来回磕撞，细面便流进盒子里，渣子剩在箩子里，而后再将箩子里的渣子倒在磨盘上，直至都被磨成细面。

乘父亲自己打理着磨坊，我独自跑在磨坊外边，仔细打量着水磨的上上下下和里里外外。

磨坊坐落在村东沟，地基是用石头砌起来的，中间是空的，高约三米，长宽约有四米，四周围是石墙，顶部用横木架着，木质的顶板就是磨坊的地面。里面安装的就是水磨的动力——大柃（谐音，实际是木制的传动齿轮）。它是用上好的榆木制成，立着的木轮直径有三米左右，称为立柃，中轴横担在石砌的水槽上，从中轴至木轮四周用粗粗的木辐支撑着，轮的四周斜里厢装着一块一块的木板，横面直冲着水槽流下的溪水，水冲着木板推动木轮不停地转动，酷似《天工开物》上讲的“上轮击水”。木轮的外围安装着许多木桩，就像齿轮上面的齿，称为“拨牙”。磨盘的下面是一个木制的平轮，称为平柃，直径有一米多，周围的“拨牙”与立轮的

“拨牙”相对，在立轮的的带动下快速地转动，地面上的磨盘随之转了起来。

水磨的进水口比磨坊的地面略高一些，安有一个闸门。磨面时把水引到大柃上，磨完面关闭左边的闸门，把水引到另一边，水便顺着大柃一边的水道流出磨坊。

不到两个小时，背来的玉米、高粱就磨完了。这在依然用原始方法加工粮食的农村已经是非常先进的了。因此，从很久以前，三里五村，乃至方圆三五十里的人们或人背或牲口驮经常到村里来磨面，有的干脆将女儿嫁到村子里，以免去推碾围磨之苦。直到有了柴油机，通了电以后，水磨才渐渐地被人们遗忘了。

从那时始，我就学会了磨面。到磨坊磨面成了我经常做的一项活计。

一般青黄不接的时候，人们的粮食不很充裕，磨面的人也很少，一般等上半天时间就能挨上。若到了秋冬季，大家都分到了口粮，磨面就得排队，有时好几天也挨不上，即使挨到了，也经常是到了后半夜。每到夜深人静之时，一个儿独自磨面，听着那哗哗的流水声和隆隆的水磨声，在昏暗的油灯下，望着那不停转动的磨盘，我不由得想起了那首打油诗和小时候母亲讲的那小鬼推磨的故事，不禁地毛发悚然。

随着社会生产力的发展，水磨已经成为历史，除了在一些旅游点，人们已经很难看到它的影子了。

每当人们抱怨电磨加工的粮食不可口时，我自然就会想起故乡的水磨，想起水磨加工出来的原汁原味的莜面、玉米面来。

每次回到故乡，我都会到水磨的遗址看看，望着当年水磨的废墟，寻找那难以忘却的记忆……

故乡的梆子戏

霍汉清

20 世纪六七十年代的中国，多数农村，特别是贫困地区的农村还没有通电，文化生活极为贫乏，除了个把月县里的电影放映队来演几场电影。夏日的晚上坐大街，冬天的晚上坐炕头，只要生产队不开会，人们或聚集在豆腐房的热炕头上摆龙门阵，或在生产队部拉家常，有的干脆蒙头睡大觉。除此以外，最红火、最高雅、最受欢迎的就要数村子里业余剧团演出的梆子戏了。

我的故乡溪源村地处冀、晋、蒙交会的张家口地区，山西梆子是这一带的主要地方剧种。据村子里的老人讲，早在元末明初，一位风水先生路过这里，看到这里的青山秀水后断言说："这里的人不久就要扮帝王将相，穿才子粉衣了。"不知是历史的巧合，还是不幸被风水先生言中，戏曲果然在这个小山村逐渐兴盛起来了。从村口半坡上现存的龙王庙和古戏台及其壁画中我们就可想象到当年兴盛的情景。

早在清咸丰年间，我们的祖辈霍常老太爷就带着戏班子走南闯北了。到了民国年间，村子里的业余剧团（乡里人叫作秧歌），在附近一带就小有名气了，而且出现了"六六旦"霍成义、"玻璃翠"霍兴基等远近闻名的"角"儿。他们先后在专业戏班子里供职，走遍了坝上坝下，唱红了山城内外，曾与山西名角丁巧云、筱吉仙等"大腕"同台演出，使村里的戏班名声大振。

良好的环境和氛围以及众多人士的积极参与，致使一大批年轻的优秀人才脱颖而出，如琴师霍仲庭、鼓师霍汉武、武生霍仲堂、花脸霍荣山、须生韩喜亮、丑角刘生林等。到了1960年前后，村子里的戏班正处于巅峰时期，并由各家捐款添置了新戏装和道具，能够满足像《打金枝》、《二进宫》、《算粮登殿》等传统剧目的演出。同时把已经在国营矿山就职的霍成义老艺人请回村里担任剧团的教师和导演，更是如虎添翼。至此，村业余剧团发展为行当俱全，文武场兼备，服装道具全新，能够上演30多出传统剧目的业余文艺团体了。

1966年秋天，我随父亲及全家回到了故乡。

忙过秋收，业余剧团便开始活跃了。

虽然已经进入“无产阶级文化大革命”时期，传统戏被禁演了，开会，学文件，搞批斗，业余剧团的名称也随形势改为“毛泽东思想红色宣传队”，古装戏变成了现代戏，可村里的领导和乡亲们对梆子戏的情感却丝毫未减。

冬季的农村，老乡们为了节约粮食，一般都吃两顿饭。于是，每当晚霞飘洒在西边的天际，袅袅的炊烟刚刚在村庄上空泛起，劳作了一天而晚上又闲暇无事的乡亲们便三三两两的，陆续地聚集在刚刚新建的大队部。

头通锣鼓过后，“天不下雨地干旱，累得我老汉汗流干”——一声荡气回肠的介板，打断了我年幼的思绪。

今天排演的是现代戏《三世仇》，讲的是解放战争时期，贫农王老汉祖孙三代为了一块土地被地主王二爷逼迫得家破人亡，最后孙子虎儿参加了解放军，在共产党的领导下，打倒地主，翻身做主，报了三世之仇的故事。现在看来，故事情节结构与戏剧冲突及艺术方面虽还不够严谨，但在当时万马齐喑的年代，老百姓能够看上戏剧，也就很满足了。实际上，演员还是那些演员，唱腔还是老腔调，只不过是旧瓶装新酒罢了。

这是我第一次这样近距离地接触山西梆子，当时我虽读不懂什么叫戏剧，但那虽不够专业却非常认真的一板一眼，一招一式，以及那铿锵的马锣，悠扬的胡琴声，时而粗旷、时而婉转细腻的梆子腔深深地吸引着我，并已在我心中落下永不磨灭的烙印，以至影响了我的一生。

从那天开始，只要大队不开大会，或者大会散了以后，这里的煤气灯便会天天点亮，锣鼓声、胡琴声，以及那熟悉的梆子腔就会响起。每当此时，我都会同好多人一样站在那里，直到后半夜排演结束，才依依不舍地随人们一起散去。

转眼到了春节，排演了一个冬天的《三世仇》，还有一个短剧《红色联络站》（又名《三月三》）就要正式演出了。

村里的戏台坐落在村口东沟油坊旁边的山坡上。这座建于清康熙六年，重修于清道光年间的戏台，坐西朝东，台基建在溪源河河边裸露的山石上，后面由石头砌成的地基足有五米多高，加上戏台本身的高度，在空旷的河边显得那样高大、挺拔。虽然历经了近三百年的风雨沧桑，依然巍峨地矗立在那里。戏台下面，有一片五米宽的开阔地。戏台对面，顺着山势，是用石料砌成的两米多高的、三米来宽的台阶，相当于现在剧场的二层楼。再往上又有一道五米多高石料砌成的石墙，一条用碎石子铺成的甬道的东面，便是三里五乡有名的龙王庙了。平时人们看戏，年轻人一般都站在台下的平地上，年老的和妇女们坐在台阶上面，孩子们跑上跑下，有的干脆坐在龙王庙的山门口，居高临下，倒也逍遥自在。

天还没有完全黑下来，戏台下面，二层台阶上已堆满了人。

那时候，村子里还没有通电，煤气灯已经是比较现代的了。今天是除夕，舞台上照例是点燃了两只煤气灯，直照得半山通明。

不一会儿，或浓妆或淡抹的演员走上了戏台，大家一片欢呼。

接着，手里拎着家什、乐器的鼓匠们（乐队）也陆续上了戏台，按照文东武西的顺序按部就班地坐了下来。

敲罢了头通鼓，鼓匠们又各自点着了旱烟袋，拉开了家常。

我等得焦急，怎么还不开戏？原来，敲头通鼓是招徕观众，二通鼓是告诉演员们做好准备，三通鼓过后才开戏。

虽然天气很冷，耳朵已经发麻，但大家依然兴致勃勃地在等待。

站在露天看戏，对我一个出生在县城的人来说是第一次。虽然台上的戏文在排练时已经看了整整一个冬天，台词我已经背得滚瓜烂熟，可真正在舞台上观看我还是第一次。

天已完全黑了下来。这时三通锣鼓敲了起来，开戏了。于是，这座已有二百多年的古戏台，便开天辟地地第一次上演了现代戏。

没有大幕，没有布景。还是那一句“天不下雨地干旱，累得我老汉汗流干”的介板过后，王老汉扶着木犁，一儿一女前面拉着犁从花脸门走上台来。台上演员是那样认真地表演，台下的观众是那样聚精会神地观看。

“西北风吹得我浑身打战，大雪飘腹中饥好不伤惨”，随着晋剧曲牌《哭皇天》和这段悲凉的“四股眼”（一名慢三眼）唱起，人们的思绪一下子被感动了，每个人的脸上都是那样的阴沉。当演员唱到王老汉被逼而死，女儿沿街乞讨被恶犬咬伤的情景时，台上台下一片寂静，有的人禁不住呜咽、抽泣起来。我也被深深地感染了，忘记了天冷，忘记了时间，思绪随着剧情飘去……

一声唢呐，散戏了。一直看到演员们都卸了妆，下了台，人们才依依不舍地各自散去。

过去过春节，由于准备的剧目多，一连四天都不会演出重复剧目。而今不让上演传统剧目，且今冬只编排了两出新戏，所以一连四天上演的都是这两出戏。虽说是天天“热旧饭”，可人们丝毫没有厌倦的意思，每晚依然兴致勃勃地去看。

农村有个习惯，业余剧团的开销大多都由村民各家筹集，因此，为了回报乡亲，每年除夕、正月初一到初三，本村的秧歌都在村里演出，初三以后，便开始应邀到周围的村镇演出，到了元宵节再回到村里演出。

看了一个冬天的排练，又接连看了四场正式演出，每句唱腔，每个动作，大家都是那么熟悉，可剧团到邻村演出，还是有不少人跟去观看，我也随小朋友一起去了好几次。

这个时候，我发现，我已经不知不觉地，深深地爱上了这充满着乡土气息的梆子戏了。

闲暇无事，便用荆条拴成一个鼓架，把称米的升子架在上面，用筷子模仿司鼓敲打。自己还用榆树根镟了一个板胡壳，在牲口棚拣了一把马尾，自制了一把酷似山西梆子领衔乐器——呼胡（俗称大弦）一般的乐器。虽然音色不佳，但也能拉出类似呼胡的声音和旋律，一有空闲，便吱吱扭扭地拉了起来，不久就能够拉一些简单的晋剧曲牌和“四股眼”、“二性板”等腔调。

每年农历三月十五，是村里龙王爷的圣诞日。每到这天，照例是要给龙王爷唱大戏的，祈求龙王爷多施喜雨，保一方风调雨顺。过了这一天，除了天旱祈雨和村子里有重大喜庆活动，戏班子一年就不再演出，直到忙过秋，场光地净以后，再重新组织编排。

随着“无产阶级文化大革命”的继续深入，就连《三世仇》这样的现代戏也不让上演了。社员们白天下地搞生产，晚上开会闹革命，无休止地学习、批斗，社员们被折腾得筋疲力尽，“红色宣传队”也被迫解散了。

尽管如此，乡亲们对梆子戏依然一往情深。白天在田间地头，只要有情绪，便要喊上几嗓子，如果是“臭味相投”的戏迷凑在一起，还要偷偷地唱上几段《二进宫》、《明公断》什么的。到了晚上，你如果站在村头的高坡上，就能听到几处悠扬的笛子或胡琴声和几段优美的梆子腔。

有时戏迷们实在是憋得不行了，就凑在一起，挂起铜锣，架起板鼓，操起胡琴，自娱自乐起来。只是怕被扣上资产阶级反动文艺路线的帽子，不敢唱旧戏文，或改唱词为哼哼腔，或移植一段现代样板戏，或干脆把《毛主席语录》当作唱词，既过了戏瘾，又宣传了毛泽东思想。有一回，一位老乡拿着毛泽东的《纪念白求恩》一书当唱本，从导板腔唱起，转四股眼、夹板，二性板、垛板，一直把整篇文章唱完，足足唱了半个多小时，虽嗓音洪亮，唱的水平还算不错。但《纪念白求恩》毕竟是文章而不是唱本，因此既不合辙，也不押韵，为了凑合山西梆子的板式，往往把一句话分开唱，搞得大家啼笑皆非。

林彪反革命集团垮台后，开始了批林批孔和学习理论运动。为了配合学习，占领农村文化市场，公社又号召各村成立文艺宣传队，村子里理所当然地又恢复了宣传队，成员还是业余剧团那帮人。

我因会拉几下胡琴，自然也被宣传队选中了。从此，我又从一个梆子戏的爱好者变成了参与者。

虽然当时中国的文艺还处在“四人帮”的桎梏中，虽然戏曲的主流还是“革命样板戏”，但毕竟“满园春色关不住”，这年便涌现出《划线》、《渡口》、《追报表》等许多优秀的小戏。憋了好几年的戏迷们终于可以放开胆子唱戏了，虽然当时还不能演古装戏。

我被宣传队安排到乐队拉二胡和弹三弦。那个年代的农民乐师，大都没有什么文化，也不识谱，虽然胡琴拉得有板有眼，板鼓敲得有声有色，水平也不亚于专业人员，但要问拉的是什么谱，弹的是什么调却全然不知。有几个知道“工尺谱”的，也大多只知“工工四尺上，合四上”这类“老六板”什么的。那么何以学会的呢？原来，这些乐师们先学会唱腔，再去胡琴上找音，久而久之，便凭着自己熟悉的腔调和手指上的感觉便拉出乐谱来的。用他们的话，只要能够哼出“哩格愣格”来，就能圆满地演奏出来，这叫作“愣瞪腔”。不信你可以试一试，只要你能唱出来，他便能拉出来，包括现代歌曲。他的老师怎样教他，他就怎样教自己的徒弟。这样，几百年来，戏剧和音乐就这样在那些穷乡僻壤一代一代地传了下来。而那些老演员和导演们，大多也不识字，靠死背硬记把戏剧传承下来。“六六旦”霍成义，半个字都不识，硬是凭着自己的努力成了“角”。据说他的肚里装有130多本戏，不仅能背出全部台词，同时还能背出文场的“愣瞪腔”乐谱和武场的“家伙点”，以及全部动作和脸谱、服饰，被同行戏称为“戏包”。

我虽然生在文明社会，但小学四年级的文化根底，使我在学习戏剧艺术和伴奏上也只能走老一辈艺人的路。后来我学会了晋剧的所有唱腔板式，掌握了晋剧所有乐器的演奏方法，并在三弦弹奏上达到了比较高的水平，可我至今也读不准简谱。

公元1976年金秋十月，横行一时的“四人帮”被粉碎了，文艺迎来了百花盛开的春天。

随着毛泽东观看《逼上梁山》后写给延安平剧院的一封信和周总理对昆曲《十五贯》的批示的发表，古装传统戏经历了十多年的禁演后又重回人们的文化生活。我村的业余剧团又迎来了新的发展时期。

在这段时期内，我有幸全面地接触了山西梆子，参与了50多部传统晋剧剧本的整理与修编以及编排和伴奏，我也和许多老艺人一样，肚子里已装有20多个剧目了。山西梆子——她成了我生活的一部分，我真的已经离不开她了。

1979年，我被落实了政策。24岁的我，告别了我劳动、生活了13年的故乡，返回了我出生的县城。

不久我参加了工作。之后，我又调到宣化、张家口工作。

城市的喧嚣和灯红酒绿，使我与山西梆子的距离愈来愈远，以至我看不到她的影子。可我还是那样执着地追逐、寻觅着她。县城的广场上，宣化的鼓楼旁，张家口的玉带桥，哪里有山西梆子，哪里就会有我的身影。一次，著名的晋剧皇后王爱爱到我家乡的县城演出，我接到妹妹的电话后，正在外地出差的我连夜从东北赶了回来。

在我的家里，山西梆子的光盘、磁带摆满了书架。每次逛书店总要买上几张，以至于和卖光盘的老板交上了朋友。

20多年来，只要我在家，录音机、电视机就会播放山西梆子。

每到此时，邻居们便知道我回家了。

这么多年来，每当我工作遇到了挫折，心情郁闷之时，抑或工作取得成绩，心情欢娱之时，或者有其他什么喜庆、忧伤之事，我都会浓浓地沏上一壶茶，打开电视机，放上一张梆子戏光碟，和着那熟悉的节奏，微微地晃着脑袋，用手轻轻地拍打着沙发扶手，去领略、去回味梆子戏中的那些无穷的哲理与情感，听到动情之处，禁不住地随声哼了起来。这时，我彻底地陶醉了。那份悠闲与情致，若非是同行或有同样经历的人，简直无法言表。此时，一切忧伤惆怅，一切毁誉荣辱，统统随着剧情飘荡而去，我仿佛又回到了20多年前故乡的戏台上。

今年春夏之交，一场SARS疫情突如其来地袭击了中华大地。为了安全起见，我不能回家，住在了办公室。

没有山西梆子，我简直无法忍受。我顾不得许多，打车从家中拿来一大摞光碟，又买来两只扬声器，接在电脑上，这样我又可以天天听到和看到山西梆子了。

故乡的梆子戏，我的朋友，我永远的朋友。

故乡的苇田

霍汉清

故乡的村口有一片苇田。产出的苇子是编织苇席的上好原料，在我们这一带颇有名气。难怪集市上卖苇席的人都称自己的是“溪源”的。

苇子，多年生草本植物，它浑身是宝。茎杆可编苇席，苇叶是包粽子的上品，苇根可以入药。

一般的苇子生长在浅水中或盐碱地里，而家乡的苇子是在地畦里。除到了用水淡季和溪源河发洪水时浇灌外，一般都不浇水，因此，这里的苇子长得又粗又高。

过了清明，苇笋便悄悄地从地里钻了出来。但第一茬苇笋长出的苇子又细又憨，必须把它刨去，待重新长出的苇笋才能长成上好的苇子。

于是到了谷雨前后，当山前山后开满了杏花的时候，人们便开始到苇田里，将上年的苇茬和刚长出的苇笋一齐刨掉，然后用耙子耙平，不出几天，新的苇笋就会齐刷刷地蹿了出来，如果在此时下一场新雨，苇笋钻出的速度会更快，倘若在夜深人静时到苇田边，你会听到“呱、呱”的声音，那是苇笋在出土、拔节。

不出几天，苇笋变成了幼苇，长出了片片嫩叶，在微风的吹动下轻轻摇曳。

到农历五月初五“端阳节”时，那苇子已然长有两米多高，形成了苇荡。每到这时，人们便钻进苇荡中去打苇叶，不多时，村子里便飘出了阵阵粽子的清香。

如果你喜爱吹笛子，这时千万不要忘记打苇膜。拿一把小刀，找几株苇子，拣当中间的那几节，用小刀削断，揣回家中，抠出苇子内膜，用一只筷子抵住苇膜一端轻轻一捅，整片苇膜便随着筷子被捅了出来，然后把苇膜轻轻捋展，夹在书中，这便是上好的笛膜，把它贴在笛子上，吹出的曲子又脆又亮，这比文具店出售的笛膜不知要强多少倍。

夏去秋来，苇子已长到三五米高。从山口吹进来的秋风，把整个苇田吹得像大海扬波一般。此时，如果你爬上照山，站在魁星楼上，整个苇荡尽收眼底。至此，你不知该用什么恰当的词语来形容如此壮观的苇浪，是绿浪翻滚，还是波澜壮阔，那种感觉就好像从来没有走出过大山的人第一次见到大海时。

转眼到了深秋，苇子顶端长出了天穗，不久便飘出了芦花。于是，小溪边、村舍旁就堆满了苇子毛，飘飘摇摇，纷纷扬扬，像柳絮，似雪花，随风翩翩而来，又随风飘然而去。

苇叶的颜色渐渐变深，变黄，霜降到了，苇子便该收割了。

割苇子看上容易实际上很难。我 11 岁那年第一次割苇子，无论如何怎么也抱不拢苇子。原来，大人们割苇子前为了不磨坏衣服，拿一条帆布口袋斜披在左肩，用一条麻绳把口袋两端顺势绑在腰间，左臂用力搂住苇子，右手拿着镰刀对准苇子的根部劈去，发出了伐木似的“丁丁”之声。每割几株，顺势往前移一步，如此左肩很快就扛有一大捆苇子了、然后顺势一撂，铺在地上。

苇子被割倒后，紧接着就该打掉叶子了。从河边拣两根细柳树棍用一只手夹住，用另一只手拽住苇子梢，用力往前拽，苇子叶就被打掉了，这叫作“抽苇子”。

苇子叶打掉了，下一道工序就是分类。先把苇子墩齐，然后平铺在地上，当然最好是将上半截放在地埂上，找一根最长的苇子，用尺子量出高度，从一丈六到一丈一每一尺刻一个刻度，而后用这个“标尺”，对墩齐的苇子上一量，从一丈六起，按照标尺从梢部用铡刀一铡，凡达到这个高度的苇子的顶端就成了齐头，而齐头上有筷头大小的眼的，就用手抽出来；再墩齐，抽一丈五的，以此类推，一直到一丈一。

分类完毕就开始打捆了。一般地方苇子打捆都是约摸着一捆就算了事，而故乡的苇子因质地好，是论根数的。苇子的计量单位是

“双”，每“双”四根。高度不同，“双”数自然不同。又以编织一领苇席的原料为一支。其中一丈六的苇子一支23双，一丈五的25双，一丈四的28双，一丈三的32双，一丈二的36双，一丈一的41双。达不到一丈一的称“毛苇子”；一丈四到一丈六为“上三刀”，是编一领5尺乘9尺苇席的原料；一丈三以下的为“下三刀”是编一领5尺乘8尺苇席的原料，“毛苇子”不数根，用胳膊一搂至肩膀粗为一支。所有数好的苇子两支为一捆。拿几根细苇子用脚踩扁，绕两圈套住数好的苇子双手用力一兜，用脚一边踹上一脚，两只手一绕，便捆成一道，如是在根部、中部、梢部捆上三道，就可扛回家编苇席了。

一个偶然的机会，使我与编苇席结下了不解之缘，成了一名编席匠。

1967年秋天，11岁的我失学了。一次闲来无事到本家三哥家游玩，正巧三哥在编席，他也是刚学成出徒，正缺一个伴儿，所以他对我说：“没事干就和我学编席子吧！你这么小，下地劳动怕是受不了，不如学点手艺。”我正因失学心中烦闷，听三哥这么一说，就欣然同意了。没想到，这竟成为我步入社会迈出的第一步，以至影响了我一生的生活。

我喜欢编苇席的另一个原因，是受了孙犁的小说《荷花淀》的影响。我在小学三年级那年，就看过了孙犁的《白洋淀记事》，那一段优美的词句我至今记忆犹新：

“月亮升起来，院子里凉爽得很，干净得很，白天破好的苇眉子潮润润的，正好编席。女人坐在小院当中，手指上缠绞着柔滑修长的苇眉子。苇眉子又长又细，在她怀里跳跃着……”

其实，编苇席并没有小说描述的那样浪漫和轻松。

编席前第一道工序是备料。拿来一捆苇子，用“刮子”把苇子破成几瓣。

“刮子”——一个用枣木镟成四五公分粗，十几公分长的木棒，一头在中间打一个两公分粗的孔，另一头斜里厢打三个或四个孔，两头几个孔是相通的，在一个孔那头的中间安一根铁针，铁针旁边根据另一头的孔数对应地刻几个槽，然后在两面几个孔对接处安上刀片，苇子从一个孔的那一头中间插进去，被刀片分成几瓣，顺前边的孔中走了出来。

苇刮子、拨子、镰刀头、剪子

一根苇子能破成几瓣，一要看苇子的粗细，二要根据席子质量的要求。一般最粗的破成四瓣，中等的破成三瓣，细一点的用镰刀头破成两瓣。破开的苇子称作苇篾子，也就是孙犁老先生笔下的苇眉子。

苇子破好后，墩齐擞直，用碌碡反复碾压，直至每根苇篾子都压得平平展展。然后用两根竹板，把压好的苇篾子夹住，从梢部往后拽，就像“抽苇子”那样，把苇子皮打掉，这叫作“抽篾子”。

去掉皮的苇篾子，还得再轻轻地用碌碡压几遍，使苇篾子更加柔顺，这叫作“伐篾子”。下一步便可以编席子了。

用一根五尺多长的木尺放在地上，把苇篾子一颠一倒地铺在右脚下，直到脚下都铺满为止，再拿苇篾子进行编织，不一会儿，便编成一个大三角，苇席的一端就呈现出来了，这叫踩底子。

底子踩好后，把它反过来，定好宽度继续编啊，编啊，直到整块席子编成。

编成后，站在编好的席子中间，用手抓住席子的另一头，席子便压在头顶，然后往后退，直到双脚退出席子，顺势用力一推，席子就翻了过来。在四周洒上水润一润，用尺子量好，在距边儿“两纹半”的地方划上印儿，用左手顺着印儿按下去就可以收边了。

踩底子

收好边，用脚踩一踩，然后抓住一头，用膝盖顶住，顺势把席子卷了起来，整个工序就完成了。

过去的手艺人比较保守，无论学什么手艺，一般都得三年出徒。一方面关键地方老师不让你学，另一方面老师还得让徒弟多干几年活。我学习编苇席，一方面可以暂时不下地劳动，而且还可以挣更多的工分。因此我学得特别认真，没有两个月，我就学会了。这年初冬，生产队刚刚把苇子收拾完毕，我就报名承揽了 35 领席子的加工任务，好多老席匠都十分诧异地看着我，一个毛孩子就学了这几天就想当师傅，行吗?

又和三哥学了半个冬天，过了春节，我便自起炉灶，当起席匠师傅了。就连我自己也没想到，我编的第一领席子就非常成功。

说实在的，编苇席并不复杂，只要你用心，没有学不会的。

其实，在当时那个年代，我学编苇席不仅是出于好奇，而主要还是因为生计。学编席前，全村只有几个席匠，因此大家都觉得很难学，每年生产队生产的苇子自己加工不完，经常把苇子卖出去。正由于编席的人少，编席的待遇也很高。每加工一领苇席，生产队记27分，相当于一个整劳力3天的工分，另外每领席子还补贴10斤煤，这要比下地劳动强得多。更具诱惑力的是，每加工一领苇席，如果盘算得好，还能富余百分之十到百分之二十的原材料，也就是说，每加工5领苇席，就可以富余一领苇席的原材料。这样，假如一个冬天加工50领苇席的话，不仅可以挣到1350个工分，补贴500斤煤，还能富余10领苇席的苇子，按每领苇席售价8元计算，可以得到80元的现金。这在每个劳动日值3毛钱的时代，80元就相当于一个劳力270天的收入，加上编席本来的收入，我这个12岁的小孩半个冬天就能顶一个壮劳力一年多的收入。

在以后的十几年中，我每年都要承揽一部分苇席加工任务，最多时一冬天加工出了130多领苇席，是全村加工最多的。

我这个人生性要强，不管做什么事情，要么不做，要做就要做好。过去，在冬天一般一个人三天编一领席子，而我只用一天就编一领。

为了提高编席的效率，我学会了如何摆布时间。冬季白天短，夜间长。我一般天黑前破篾子备料，天黑以后点着昏暗的煤油灯“踩底子”，然后还要到大队参加社员大会。第二天太阳出来天气暖和后才开始编席，到吃下午饭时一领席子就完工了。如此每天就能编一领席子了。

故乡的冬季是寒冷的，有时气温达到摄氏零下20多度，为了节省煤和柴禾，我经常是戴着皮帽子编席，所以我编了13年苇席没有生过一炉火。

苇席是统购统销物资。编苇席是生产队主要的副业，每年每个小队可收入3000多元，那在当时是多么一大笔收入呢！然而在那个特殊的年代，虽然为集体编席还能被称为正当的集体副业，而个人精打细算富余的苇子编的席子便被称为“偷工减料”、“挖社会主义墙角”和“资本主义尾巴”等。于是，用富余的苇子编出的苇席根本不敢堂堂正正地去到集市上去卖，而像做贼一样偷偷摸摸地去黑市上交易。我曾经和父亲在每年春节前背上几领苇席，清早三点钟起来，冒着严寒和被工商人员没收的危险去到县城的角落里卖苇席，幸好没有被工商人员抓住过。在当时被抓被罚都是小事，弄不好极有可能被扣上“复辟资本主义”的帽子。

由于我学编席时年龄太小又长期蹲下身来编席，正在成长的我，双腿变成了“O”型，脊背也过早地佝偻了，以至我参加工作以后坐了20多年办公室仍然无法调整过来，手指至今也不能合拢。

虽然编苇席非常苦，但我还是那样执着地去干，而且越编越好，成了全村的编席好手。时过20多年，村里好多人家的土炕上仍然铺着我编的苇席。

后来我参加了工作，成为石油公司的干部，但不论走到哪里，我都忘不了那段艰辛的日子，忘不了故乡的苇田，忘不了那些现在仍然还在编席子的乡亲。每年秋天，无论工作再忙，我总得抽出时间回几趟故乡，爬上照山，站在魁星楼上，望着那弯弯曲曲的溪水和绿波翻涌的苇浪，追寻着20多年以前的往事，浮想联翩……

事过境迁，物是人非。苇田还是那片苇田，而苇子却割了一茬又一茬；苇席还是那种编法，而编席的人也换了一代又一代，我虽然不再编苇席了，可我们每天不也在编织着生活吗？

忘不了你，我亲爱的故乡，忘不了你，故乡的苇田。

（2003年9月15日晚22点5分写于张家口石油公司）

故乡的油坊

霍汉清

也不知是怎么的，每当人们抱怨现在吃的食用油没有我们小的时候吃的麻油那种醇香时，我便不由自主地想起了故乡的油坊，以及那至今仍时时令我回味、钩起我许多联想的故乡的油坊，还用那原始工艺榨出的麻油。

在我的故乡溪源村，沿着村边的溪水坐落着四座水磨和油坊，据村子里的老人讲，这里的油坊从明朝末年就有了，这在生产力并不发达的旧中国，已经是很不简单的了。

在没有电和柴油机的年代，建油坊必须同时具备两个条件，一是要有足够的动力，二是要有保温设备。而我的故乡在自然环境上恰好符合了条件。一是有涓涓的溪水带动水磨作动力，二是溪源河两岸全都是红土与石灰岩组成的山崖，在水磨旁的山崖下凿一眼窑洞做油坊，既保温又可利用浑厚的山体固定庞大的油梁。

到了20世纪60年代，电和柴油机在中国已经逐步普及，机械榨油已经相当普遍，榨油生产率和出油率得到了空前的提高。因此，村子里的油坊逐渐开始衰落，虽然当时村子里还未通电。到我们回村时，已经有三座油坊停止生产，只剩了村东沟一座油坊由生产队集体经营。

1966年的深秋，我们全家从县城被下放回故乡，我有幸目睹了古老的榨油工艺。

早在回村不久，我便听小伙伴儿讲榨油是如何的有趣和神秘。什么升油梁，上猴竿，还说从来不允许女人进油窑，怕是冲了运气，讲得我真好奇，天天盼着油坊开工。

好不容易盼到了天冷，油坊终于开始生产了，我便迫不及待地约了小伙伴儿前去观看。

东沟油坊在村口的东边，一年四季溪水都不知疲倦地从门前潺潺流过。而今已进入冬季，溪水已经结了冰，跨过已经封冻的溪源河，上了坡就到了油坊。

整个油坊是一座四合院，西面临河，东面靠山，“坤”字门儿。正房为油坊的办公室，东房为客房，西面是厨房，南房为原料仓库，后院是牲口棚，靠大门斜坡上是磨坊，东北角的山崖下便是油坊的主体——油窑。

拾阶走进磨坊，迎门有一座灶台，灶台上稳了一口大炒锅，锅的形状和大小就像卫星电视接收器那样安装着。榨油前，要先将油菜籽、胡麻籽等榨油的原料用大锅炒熟，倒在水磨上磨成油膈（谐音，油菜籽、胡麻籽磨成的膏状物），然后用箩筐挑进油窑（即油坊），放在直径1.5米大的蒸笼上加火蒸透，再将蒸好的油膈放进木制的圆形的模具内，模具里铺满了用笈笈叶子编成的辫子，当油膈填满模具后，用剩余的辫子头将油膈包严实，堆到油梁下边，如此要堆上四层。

最最精彩的“升油梁”、“上猴竿”开始了。

油梁是整个油坊的主体，也是榨油的动力，它由十多米长的榆木做成，根部的一端足足有三尺粗，牢牢地固定在一个木架上，木架的一头深深地插在山体中，以确保油梁的牢固和安全。

原来，在生产力极其低下的年代，聪明的祖先们早就学会了驾驭自然的种种办法。要把菜籽里的油榨尽、榨干，需要的压力可想而知，为了达到这个目的，先在油梁粗的那一端设置了许多闸板，把包好的油膈放在油梁下，油梁的另一端吊有好几块磨盘，上面又加了许多大石头，足足有两吨多重。

整个榨油的过程就是一个规模庞大的杠杆运动：牢牢固定油梁顶端的山体是重物，包好的油膈包即是支点，油梁的另一头就是力臂。要使油梁有足够的压力，必须将力臂升高，然后再将力臂的一头的加重压力，使整个油梁的力全部都压在油膈上，以确保把油榨尽。为了升高力臂和将磨盘提高，便用一根碗口粗的木杠来将油梁的“力臂”也用杠杆原理逐步升高，木杠紧紧贴在油窑中间的一根柱子上（俗称猴竿），由一人站在木杆的一端，紧紧抱住“猴竿”，顺势一跃，人便爬上了猴竿的顶部，然后抱着猴竿猛然蹲下，再用力顺着猴竿落在地下，这时磨盘便升高许多，每升高一定的程度，就用木楔子支住，每当油梁的尾部升高一点，就在油梁靠近山体的那端插一根闸板。如此几次，油梁的另一端和磨盘被高高地吊了起来，当升到需要的高度时，就将木楔子一一拔掉，油梁的一端被重重的磨盘拽了下来。于是，做支点的油膈包便哗哗地趟出油来了，顺势流到油梁下面的地缸里，只等明天一早提油了。之后，油坊的工人们便开始用蒸过油膈的大锅里的热水洗澡，然后换上衣服回家了。这时我也只好恋恋不舍地同伙伴儿离去。

次日一早，油坊的掌柜便打开油缸，一桶一桶地将油掏尽，工人们又将昨天的油膈包从油梁下取出来。原来那膏状的油膈成了麻糁饼，再将麻糁饼砸烂，上锅一蒸，再包起来，放在油梁下边再榨一遍，整个榨油的过程就结束了。

那么为什么要在冬天榨油呢？后来我才知道，一是利用冬季农闲，二是秋后北方的菜籽刚好收完，原料充足，再就是利用油窑冬暖夏凉的特点，节约煤炭。于是，我在村里劳动的十几年中每年冬天都能到油坊看榨油。

在当时，榨油不仅是生产队创收的副业生产，同时也是为社员们谋福利的重要来源。因为每百斤菜籽能榨三十斤多麻油，而油坊只给来料加工者二十八斤，那么每年油坊就能给每个社员分好多麻油。那时我家九口人，四个劳动力，每年能挣上万个工分，于是按人头分，再按劳力分，还要按工分分，加上生产队自产的菜籽，我们一家每年就可分到三五十斤麻油了。这在每月每人只供应二两麻油的吃商品粮年代，是多么了不起的事啊。

由于榨油利润可观，在全县仅有的几个具备原始榨油条件的乡村都建有油坊。但因为他们那里的山势和水质以及榨油技术等因素的制约，榨出来的麻油不论怎么也比不了我们村的醇香。尽管他们每百斤菜籽多给加工者三斤多麻油，加工费也比较优惠，由于质量的缘故，油坊的生意远远不及我们村里的好。

于是，每到秋去冬来，或牲口驮，或人背，或肩挑的送菜籽，取麻油的客人就会络绎不绝地从十里八乡来到这个叫作“溪源”的小山村，醇香透鼻的麻油味儿就会成天地回绕在小村的周围。无论你是刚从南边的溪源岭翻过，还是刚刚从北边越过桑干河，离油坊还有三四里地，那沁人心脾的油香就挡不住地扑面飘来。

每到逢年过节或走亲访友，带上二斤麻油，那就是上好的礼品，一点也不亚于现今人送礼的五粮液、茅台酒的那种惬意。若是谁家盖房子或有什么红白喜事，自然是要吃麻油炸糕的，那时，整个村子，就会漫山遍野飘满诱人的麻油香，直馋得你不住地咽口水。

当然，最最难忘的还是每逢过年唱大戏的时候，村子里给村剧团或外来的剧团的演职员们吃的油炸糕了。

就在油坊的大伙房，用刚碾的、现淘的黄米在水磨上磨成面，蒸熟了，炸透了，一盆一盆地放在那里，香喷喷，金灿灿。然后用炸过糕的油锅，再舀上两大瓢麻油，烧热了，倒进一大盆儿葱花，直把葱香味喷得老远老远的，然后把两大桶切好的豆腐一囫囵地倒进锅里，不一会儿，白花花、颤巍巍的熬豆腐便端上了桌，几十个人围在一起，吃着炸糕，就着豆腐，说着，笑着，乐着……

30 多年了，每当想到此，我便情不自禁地吧嗒起嘴来，是回味，是联想，抑或是怀旧，或许更多的是乡情……

昨天夜里，我又做梦了，梦中的我又回到了故乡，又回到了故乡的油坊……

（2005 年 2 月 2 日晚 22 时写于张家口石油公司）

故乡的小米粥

霍汉清

家门不远处新开张了一家叫作“农家小院”的粗粮饭馆，由于农家饭菜做得地道、可口，生意十分火爆。若要在此招待客人还需提前预定，不然别说雅间，就是大厅也不会有座位的。几天前几个朋友就张罗着要到此一饱口福，尤其是朋友说的那里的小米粥如何如何的好吃，说得几位直咽口水。今天是周末，大家照顾我的时间约定在今天晚上，雅间是朋友今天上午预定的。

整个饭店和房间装修得就像20世纪60年代的农舍，把木床装饰成土炕模样，炕上铺着苇席，炕头中央摆着一张红色的“八仙桌”，墙角处挂了几串老玉米、红辣椒什么的，尤其是那几扇窗户上贴的窗花儿以及墙壁上那几张“文革”时期的宣传画和“毛主席语录”，还真有点儿那个年代“农家”的味道。不一会儿，一道道农家菜热气腾腾地端上了饭桌，确实做得不错，然而当小米粥端上来后却使我大失所望，虽然大伙儿都说非常好，可我感觉它比起故乡的小米粥实在是差得太远太远了。

故乡人把直接下锅焖熟的米饭叫作“粥”，把真正意义上的粥称作稀粥，而上好的小米粥需要上好的小米。

我的故乡溪源村地处塞外桑干河畔、笔架山麓的浅山丘陵地带，全村1549亩耕地零零散散地洒落在海拔580米到1000多米的沟沟梁梁上。除用溪源河水浇灌的近百亩水浇地外，其余全都是坡梁旱地。由于海拔的变化，这里适应水稻、小麦、玉米、高粱、黍子、谷子、莜麦以及各种豆类等农作物的生长，尤其适宜谷子的生长，因而谷子的种植占到了全村整个种植面积的六成以上，小米粥也就成了当地的当家饭。

谷子之所以适宜当地种植，不仅因其对土地的适应性强，更主要的是它可以根据节令和海拔选择生长期从80天到130天的不同品种，但不论采用哪一生长期的品种，都必须保证在农历秋分前后成熟。因为那时的昼夜温差大，所有庄稼都是由里及表地成熟，这样的谷子才会饱满，碾出的小米才会吃得甘甜。我在故乡的土地上劳作了整整13个春秋，熟知、经历和掌握了各种农作物从春种、夏管、秋收、打场、加工的全部过程和耕作方法。对谷子的种植更是情有独钟，以至于我至今也难以忘记那段艰难而又充满幸福和憧憬的岁月……

如果是风调雨顺的年份，故乡在立夏前后必定会下一场透雨，香椿树长出嫩嫩的芽儿，透着诱人的香味儿，柳絮沿着溪源河自由自在地飘来飘去，山村的沟沟壑壑都披上了绿装。每当这时，村前村后就会出现这样一幅幅的闹春图——在刚刚翻过的潮润润的土地上，一个人在前边牵着牲口拉墒，一个人在后面摆动着双臂扶着耧耩地，随着铜制的耧铃带动着控制播种量的支眼，发出叮叮当当清脆的声音，谷种便顺着耧铧尖被掩埋在带着土地芳香的垄沟里。耧铃声、驾驭牲口的吆喝声交织在一起，紧随其后的是由另一个人拉着砘轱辘（一种用石料打磨成三个与耧腿距离相等的圆形空心石盘，用一根木棍串起来用绳子拉的农具）进行碾压，以达到保墒的目的。

十天半月后，谷子的幼苗便会从垄沟里不约而同地蹿了出来，一个叶，两个叶，三个叶，不消几天谷苗便冲出垄沟。当谷苗长到三四寸高，便可以下锄间苗了，此时正值农历五月间，天长夜短，骄阳似火，当你蹲在那三垄之间，面对黄土背朝天锄苗时，便不由自主地想起唐代诗人李绅的那首《悯农》——“锄禾日当午，汗滴禾下土……”如果在锄苗这段时间不下或少下点雨，对谷子日后的生长是大有好处的，这样既有利于草死苗活，也有利于控制谷苗的过度生长，这叫作“墩苗”。当谷苗长到一尺多高，就该着锄第二遍了。这时谷苗已长到膝盖高，必须用长把的锄去锄。顺着垄背将锄板深深地耪进土里，用力一拉，疏松的土便培在谷苗的根部，播种时的垄沟就成了垄背，这叫作“耧谷子”，农谚曰：“锄耧八遍，八米二糠”，正此谓也。

转眼到了小暑、大暑的季节，这时谷苗已然长到齐腰高，青青的、毛茸茸的谷穗便悄悄地钻了出来，倘若时间允许，人们肯定还会锄耧第三遍的。这时你站在村东的“寨山”上眺望，后梁那层层梯田里齐刷刷、绿油油的谷子，桑树湾的玉米、高粱和西岭的莜麦，与那三峰并秀的笔架山构成了一幅绝妙的丹青，如果你是一位诗人，此时你一定会诗兴大发的。俗话讲：“收不收，就看农历六月二十头”，谷子长到这个份上，肯定又是一个好年头。

不经意间立秋就到了，此时谷穗已经出齐。随着徐徐的秋风，谷穗由绿变黄，再变成金黄，原本齐刷刷的谷苗被黄澄澄、金灿灿、沉甸甸的谷穗压得再也直不起腰来了。阵阵秋风吹来，把那低着头的谷穗吹得摆来摆去，发出“沙、沙”的响声。

秋分到了，谷子就熟透了，人们便开始忙碌秋收了。

秋收是生产队最忙碌的季节。“庄村八月闲人少”，这时全村老老幼，男男女女一起出动，就连小学校也放了秋假，学生们也都参加秋收。于是，一个人几垄一齐推进，不一会儿，刚才还时齐刷刷的谷子，都被割倒捆成一捆一捆的。紧接着车拉、人背、牲口驮，不久就都上了场。

实际上一年的耕作下来最最惬意的要数打场了，因为此时你才会感受到丰收的喜悦。先用爪镰（一种套在手指上用来切掉谷穗或高粱穗的农具）将谷穗从谷杆上切下来堆在一起，待晾干后把谷穗铺开在整个场院上，套上几套骡马，拉着碌碡，由一人站在中间，一手拉着缰绳，一手拿着长鞭，以他为圆心，赶着牲口来回碾压，过一会儿将谷穗翻过来再压，一直把谷穗上的谷籽全碾下来。这时，大家一起上手，将压过的谷穗（称谷篓头）挑起堆在一旁，剩下的就是谷子了。用木锨、耙子等将谷子堆在一起，过了筛，再用扇车将杂质和秕谷子扇去，就等着分粮入库了。

1966年秋天，我们全家从县城回到故乡，正好赶上秋收，不久便到了分粮的时候了。由于刚刚回村，除爷爷原有的几口大缸外，再也没有什么储粮的器具了，于是父亲便领着我们用旧苇席折成两个囤子堆放在堂屋的中间，全家分到的2000多斤谷子就这样地堆了近一年，从那时起我就与小米粥结下了不解之缘。

那个年代正闹“文革”，成天抓革命，促生产。尤其到了秋天，不仅要秋收，还要大搞农田水利基本建设，所有牲口都秋耕去了。而到此时人们刚刚分到粮食，白天全都下了地，到晚上还要加班夜战，哪有时间碾米呢？因此加工粮食必须晚上下工后或早晨上工前进行。一开始我们都小，碾米大都是父亲领着我们凌晨一两点先去用笸箩和簸箕把碾子占住，待鸡叫头遍时再去推米，等到出工时三五十斤谷子已经碾成小米。后来我们渐渐长大，便和本家几个弟兄用牲口拉的“大碾”去碾米，哥几个套着绳索像牲口一样在碾道里拉着大碾，只需个把钟头，就可以碾百十来斤谷子，如此几年一直到村里通了电安装了电碾电磨。

故乡的小米粥之所以香甜，一是那里的独特的土壤和气候，昼夜温差大，日照时间长，通风好；二是传统的种植方法，因地制宜，决不过分追求密植，因而保证了谷子良好的品质；三是水质好，用溪之源的山泉水焖出来小米粥自然可口香甜；四是最重要的，就是用石碾加工的小米保持了原汁原味。

用家里的大铁锅，添适量的水，烧开了，将小米下入锅内，水与米的比例以将米慢慢地倒在锅的中间，使小米在锅里自然流成圆锥形，其顶部刚刚露出水面为宜，然后用勺子搅匀，再用慢火烧开，使其表面呈现水泡状，将多余的米汤撇去，盖锅小火烧到锅边沙沙作响时为止。这时锅里便飘出一股小米特有的诱人的香味，停火焖上二十多分钟，打开锅盖，用铲子将快熟的粥翻一翻，用铲子拍拍，直发出“嘭嘭”的声音，若是感觉粥有点软就须再稍微加点小火，如差不多时盖锅再焖上几分钟即可。这时，一锅黄灿灿、香喷喷的小米粥就可以供人美美地饱餐了。那时，农村大半年也吃不上新鲜蔬菜，尤其是春季只有大葱和咸菜，即便如此我们也吃得非常香甜。

现在人们生活富裕了，衣食无忧，鸡鸭鱼肉，大米白面是家常便饭。即使到了饭店也不知该点什么吃的是好，于是编着法儿搜寻各种新的吃法，过去那些没人吃的东西反倒成了“香饽饽”，吃农家饭自然也就成了时尚。如今故乡实行了退耕还林，原来的耕地大部分栽上了苹果、大杏扁和枣树等，村里的年轻人再也不用耕、耩、锄、耧地劳作了，只有几位闲不住的老人在自家的果树园边边角角种点谷黍、杂豆之类的。过去那些农具如犁、耧、扇车等也很难找到踪影，碾米的碾子也都残缺不全，一切都成了过去。可是我就是忘不了，每每回到故乡依然会极力地凭着记忆去寻觅，去追寻那难忘的岁月和养育我长大的小米粥。

再上笔架山

霍汉清

早就听说笔架山上的松树已经长高，植被得到了恢复，便萌生了再上笔架山的念头，虽然张罗了多次，可一直没有实现。

国庆长假，我同家中一行 6 人终于再次登上了笔架山主峰。

笔架山，位于涿鹿县城西南 25 里的溪源村，那里是我的故乡。

主峰海拔1274米，左右两峰稍低，距离相等，三峰并秀，酷似古代文人使用的笔架，山因此得名。

清晨，我们乘车回到故乡。从西沟出发，翻过后梁，便开始了登山的路程。二盘道弯、金马驹、碗架板、青纱梁、骆驼石，虽然30多年没有回来过，但一切都是那么的熟悉和亲切。

深秋的笔架山被打扮得绚丽多姿。蓝色的、黄色的野菊花漫山遍野尽情地怒放着，散发着诱人的清香；几只小松鼠在丛林中窜来窜去；草丛和灌木丛中不时有野兔奔跑；成双成对的山鸡不知什么时候便会从你的脚下突然飞了出来，惊得我们每个人都打了个踉跄；湛蓝的天空三只雄鹰悠闲地盘旋着，像是在寻找着什么猎物。随着海拔的变化，灌木也被秋霜涂上了不同的颜色，绿色的、黄色的、红色的，远远望去就像一幅绝妙的深秋水墨画，丝毫不比香山的秋景逊色。

穿过一道道茂密的灌木丛，便到达了海拔900多米的主峰脚下。

越是临近主峰，山势越是陡峭，一家人相互鼓励着，相互搀扶着，艰难地向前攀援，不一会儿，笔架山便被我们踩在了脚下。

天公作美，今天的天空格外晴朗，风和日丽。站在笔架山巅，真有一种一览众山小的感慨。笔架山周围一片葱郁，桑干河像一条飘带缠绕在山脚下，平时高大的鸡鸣山、黄羊山显得那么低矮，已经积雪的小五台山在阳光的折射下熠熠生辉，远远的外长城依稀可见，周围的村庄和农田随意地散落在沟沟岔岔和桑干河两岸，村庄里的行人和公路上的汽车看上去都是那么的渺小。

观罢了风光，一家人席地而坐，在笔架山顶开始了午餐。望着满山的灌木和美丽的河山，我和二哥不约而同地想起了往事，哥俩儿一边回忆，一边向晚辈们讲起了40多年前的事儿……

1966年的秋天，我们全家从县城随父亲被遣回故乡。那时刚刚度过三年困难时期，社员们生活依然非常艰难，尤其到了冬天，家家户户都买不起煤，取暖做饭全靠上山打柴。

到了冬天，地里没有什么农活，但社员们依然每天都得出勤，一般上午九点多出工，到中午一两点钟就收工了。为了赶时间，大家都顾不上吃饭，急急忙忙回到家中，放下工具就拿上镰刀和绳子，三五成群地上山打柴去了。人们先是在村子附近的小山上寻找，渐渐的村边的柴禾就像放过羊的一般，被割了个精光，就是平时人们怕扎手的酸枣棘针，也被割得干干净净。屋漏偏逢连阴雨，那几年冬天的天气格外的冷，越是没柴烧，越是烧得多，买煤烧又没有钱。无奈，人们只好以村子为轴心，四处向外扩张，后沟掌、大小洼、阎王鼻子沟、野长背，一直向笔架山主峰靠拢。为了不挨冻，刚刚11岁的我、14岁的二哥和父亲便加入了向笔架山进军的队伍，就连7岁的四弟也要跟着去。

那时我们刚刚回到农村什么都不会做。父亲虽然生在故乡，但从小进城经商，也没有干过农活。我和二哥还是刚刚辍学的小孩，虽还不大懂事，但我们都一个信念，一定要好好地生活下去。为了收获到更多的柴禾，我们认真地向乡亲们学着，专心致志地看着别人怎么割柴，怎么捆绑，如何在陡峭的悬崖边和盘旋的山道上负重行走。一点一点，一步一步，不知道受了多少处伤，也不知道栽了多少跟头。功夫不负有心人，不久，我们都成了村里的打柴好手。每天中午散工，我们便随着人流浩浩荡荡地涌向笔架山。选好地方，一把一把地割，之后整理成捆，用提前拧好的榆条捆住，再用绳子背在背上，然后一步一摇，十步一歇，艰难地将柴禾背下笔架山，再爬上后梁这才到了村子。这时，棉衣已经全部湿透了，回到家，常常是满天星斗。天道酬勤，不久，我家的柴禾已然堆了一垛又一垛。在农村，谁家的柴垛高，那家人肯定是勤快的，兴旺的，虽然我们很穷。劳动之余，我便会站在自家的柴垛旁仔细地欣赏起来，用现在的话讲，还颇有点成就感呢！

就这样，不到两年，全村人就把整座笔架山方圆 10 多里的沟沟壑壑的灌木和其他能烧的柴禾像剃头一样刮得干干净净。老远一看光秃秃的，山鸡、野兔没了踪影，就连松鼠也没了藏身之地，每当山风吹起，显得那么的凄凉。人们要想打柴，只能到更远、山势更险峻的南岔、北岔，甚至跨过笔架山，到再远的地方去。

由于笔架山上没有了植被，遇到暴雨，常常是山洪暴发，村子里的大坝和农田也不知被冲毁了多少次，各种自然灾害几乎年年发生。

几年后，我家情况发生了重大的转折。父亲落实了政策，回县城上班去了；二哥被抽到公社当秘书；四弟也在恢复高考那年考上了大学；我也长大成人，成了生产队的壮劳力，并学会了编苇席、编果筐等许多手艺。家境渐渐地好了起来，再也不用到笔架山打柴了。但村里的大多数人依然要到笔架山寻找柴禾。

1978 年春，县里要在笔架山搞飞播造林，生产队发动全体劳力去笔架山为刚出土的松树扒树窝，我又一次上了笔架山，并在那天第一次登上笔架山的主峰。

当我站在笔架山巅，望着被人为破坏的光秃秃的沟沟壑壑，已然没有那种登高远望的心境。我为因为贫穷而肆意地破坏我们赖以生存的环境而忧心忡忡。我想，笔架山什么时候还能像从前那样漫山植被、郁郁葱葱呢？

这一天终于来到了。

就在我第一次登上笔架山的第二年春天，我们全家被落实了政策又回到县城，改革开放的春风也渐渐地吹进了这个叫作溪源的偏僻山村。人们开始富裕起来，人们再也不用为温饱而奔波了。如今，到了冬天，家家都生起了火炉，有的还安装了土暖气，人们再也不会成群结队到笔架山打柴去了，山上的植被逐渐得到恢复，就连村子边的沟沟岔岔，各种灌木也长得茂茂密密的。40 年前飞播的松树也成片地片地长了起来，野生的灌木都长到了齐腰高，遇到茂密的地方，人钻进去便没了影儿。山鸡、野兔到处可见，有人还看见了狍子的出没。

从我第一次登上笔架山到现在已整整 32 个年头了，这 32 年正是我们国家改革开放，人们从贫穷走向富裕的转折时代，我们每个人的生活和笔架山发生的变化，不就从一个角度折射出来了吗？下山了，我们一步一回头，依依不舍地回顾着渐行渐远的笔架山。

笔架山变了，笔架山真的变美了。

愿笔架山变得更美，愿故乡的山更绿，水更清，乡亲们的生活越来越美好。（2010 年 10 月 10 日写于宣化）

魁星楼下话沧桑

霍汉清

在溪源村的龙门山巅，矗立着一座两层六角攒尖顶式的阁楼建筑，这就是涿鹿县著名的溪源魁星楼。

魁星，是北斗七星中前四颗星（天枢、天璇、天玑、天权）的总称。因为这四颗星排列如“斗”，所以用魁（魁是古文中“羹斗”的意思）来命名。另外它也指中国古代天文学中“二十八宿”之一的“奎星”。汉代纬书《孝经援神契》中有“奎主文章”之说。后世多称魁星为主宰文运的神，并建魁星楼以奉祀。

溪源魁星楼二层塑着魁星造像。魁星面目狰狞，金身青面，赤发环眼，头上还有两只角，整个仿佛是鬼的造型。这魁星右手握一管大毛笔，称朱笔，意为用笔点定中试人的姓名，左手持一只墨斗，右脚金鸡独立，脚下踩着海中的一条大鳌鱼（一种大龟）的头部，意为“独占鳌头”，左脚摆出扬起后踢的样子以求在造形上呼应“魁”字右下的一笔大弯勾，脚上是北斗七星。古时候，读书人都要在魁星楼拜魁星，祈求在科举中榜上有名。

在我国有许许多多的魁星楼，但仔细观察研究你就可以发现，溪源的魁星楼更为独特，更有寓意。从魁星楼所处的环境可以看出，在溪源建魁星楼的设计者和建造者是颇具匠心的。

第一，魁星楼建在龙门山巅，喻金榜高中，独占鳌头之意。

第二，龙门山侧即为龙门奇峡，不足200米处即为著名的龙门叠翠景观，且龙门峡溪水长流，有鱼跃龙门之寓意。

第三，魁星楼上魁星面对笔架山，手持朱笔，凝神思索如何下笔，历来有魁星笔架点状元之说。

第四，魁星楼下便是龙门寺和龙门书院，魁星楼中的魁星和龙门书院中的孔圣人画像相得益彰。

此四点，进一步渲染了魁星楼的文化气息，是遍布大江南北、长城内外所有的魁星楼所不及之处。

溪源村魁星楼始建于清乾隆年间（另一说法是建于明代），由本村霍、支、刘、薛、乔、姚六姓家族共同发起修建，在清咸丰七年修建泰山圣母殿时重修，民国年间再次重修。由于文革的破坏和年久失修，到21世纪初，魁星楼已破旧不堪，楼基坍塌，廊柱悬空，檐顶塌落，风雨飘摇。作家刘存根先生曾慕名而到溪源观瞻魁星楼，当先生看了行将倒塌的魁星楼，写下了《怅望魁星楼》一文。先生感叹道："也许某一日的早晨，一堆残砖朽木将宣告小楼命运的终结。不知那时村里的人们或者慕名而至的游客仰望空旷的蓝天，心中会作何种感慨。将来他们给后代讲述历史时，只能遥指空山，无限失落地说：'这里曾经有过一座小楼。'"

"是的，我们曾经有过许多非常优秀而杰出的东西，有些是在我们前辈手中丢失的，有些是毁在我们手里。看着一座小楼任凭风雨浸蚀而表现出令人痛心的麻木，无异于亲手拆掉这座小楼一样不可饶恕。小楼既是一处景点，也是历史进程中的标石，而所标划的正是我们自己的历史。今天它依然妆点着我们的生活，丰富着我们的视野，成为我们与过去对话沟通的纽带。我们应该把眼光放得更远一些，去精心呵护仅有的几处人文遗踪，让文明的燧石碰击出更加理性的火花，为明天的山川留下一片历史的足迹，这是我们的职责。"

为了使魁星楼这一文化瑰宝不毁于一旦，溪源村委会主任张玉成、村委员霍建根以及村民霍仲堂积极倡导，溪源村籍在外工作的霍万清、支绍昌、支绍梅夫妇、霍汉清、霍连忠等积极参与、多方奔走，前期共筹得款项12万余元。其中，霍仲堂、霍万清父女筹资9万元，支绍昌、支绍梅夫妇捐资2万元，霍汉清捐资1万元，万元以下未作统计。修缮工程于2009年8月开始，由五堡镇羊圈村张崇喜按照原来规制负责施工，2010年8月竣工，魁星楼重新屹立在了龙门山巅。同时，在原址按原规制，重建了王皇阁和观音殿。

或许是有魁星庇佑的缘故吧，溪源村人杰地灵，历史上，溪源村就出过清版《保安州志》的编纂者之一的廪生支应昌、清光绪年间宣化府乡试第一名秀才霍仲霖等名噪一时的人物。改革开放后，溪源村更是人才辈出，这都与溪源村的重教尚文及魁星佑护分不开。清末举人，辛亥革命的先驱、后任河北省政府副主席的吕复先生在中举前曾多次住在龙门书院，每天清晨都要拜谒魁星。1953年，74岁高龄的吕复先生在涿鹿县主要领导的陪同下再次来到溪源村，观龙门、赏瀑布，健步登上魁星楼，并要求随同的县政府领导保护好魁星楼和溪源众多的文物古迹。

如今，溪源魁星楼已成为众多读书人向往的地方，是激励学子们奋发读书、成为国家栋梁之材的一种信念启迪。每年有许许多多的学子前来拜谒魁星，立志考入理想的大学，读书成才，报效国家。

家乡的石磨

霍占春

石磨作为早年人类生活的必备工具已经退出了人们的视野。在日新月异的时代变迁中，人们逐渐淡忘了它的功绩，学者们笔下关于石磨的记载也甚少。正史、野史也是轻描淡写或者只是片言只语而已。现在，几经搜寻关于石磨的记录，实在是少得可怜。但是，每次只要回忆家乡，首先想到就是石磨，按照溪源村人们的叫法就是“水打磨”。

由村里四沿河上游的水库里流下一股清水，沿水渠款款奔来。临近水磨坊坊处水流加急，沿水槽斜处靠渠水为动力，带动木轮（大柃）引擎石磨昼夜不停运转。其原理就是：大直径木轮上的水兜在渠水直冲下所产生的惯性利用自身所偏带的轮子成为主动轮。轮与轮之间的动力传动是靠拨牙（木制的榫）咬合传递。带动从动轮（平柃）上的竖轴将动能直接上传到地面托盘石磨。两块石磨中心有个短轴相连接（木制的中镶铁楗）。上面石磨有一个引杆固定磨盘。两磨中间面石匠加工成不同花纹，上面的磨偏中有一个磨眼，粮食从这个眼中缓缓流入磨膛。随着石磨转动面粉从磨齿流出，流下的面粉形成一道面裙落在地上。用木耙把面粉耙成堆，箕畚运于箩内。在磨的两旁放置木制的长方形匣子，中间置两根木架箩面。箩里剩下的渣质（生钭）再重新放回磨面至磨眼。如此反复，直到磨尽或剩一小点渣质（生投）。其整个过程就是磨面过程，我们村里大部分称磨面是“围面”。

石磨的历史源于战国时期的李冰都江堰水利工程的启发。首先它解决了动力源问题。如制盐、酿酒、榨油等都要靠它驱动。实际就是李冰与鲁班发明的再创新。桑干河流域的社会文明程度，在某些领域上远高于黄河流域，如泥河湾文化的历史发展。关于石磨，是直至电气的出现才逐渐被取代的。石磨存在于以水作为推动力的时期，这个历史阶段是相当长的。汉朝以前就是石臼，那是新石器时代人们发明的，把石头凿出一个坑，再用一个木制或者石料制成的杵子。学界称这种方式为“舂米”。作为旅游开发项目，现在只存在于我国南方偏远的地区，如打“年糕”等。在我的家乡，溪源东面历山上的鸿蒙寺残垣遗址上，亦还能见到石臼。

我国人民的面食生活开始于石磨诞生的那一刻，在人类历史的进程中，石磨所带来的惬意是绝不亚于今天人们使用手机通话。“民以食为天”，石磨存在的前提的源头是“水”。溪源村得天独厚的自然条件就决定了其存在的意义。明、清、民国时期南至大堡地区，西到深井川、东至梁东（辛庄地区）方圆50里内的人们，磨面都要到溪源村来。对此，人们曾编出荒怪的歌谣进行调侃：“上下葫芦溪源来，养下孩子塞在磨眼来。”也就是说，溪源人从其一生下来，就与这隆隆转动着的石磨结下了不解之缘。由磨而产生的经济效益，在那时曾经使全村的经济水平远高于周边村落。

石磨所磨出的面和现代的电磨有着性质的不同。首先，他所磨的粮食必须经过筛和淘洗，以防止“抗磨”，这就保证了面粉的纯净度；再一个，和电磨不同点是，石磨是凉磨而不发热，这就不会破害粮食某些营养成分。电磨经过高速旋转温度升高就严重影响了面的质量，食用之时口感与石磨加工的面粉就差了很多，尤其是莜面和糕面。

家乡的石磨，磨起来嘎嘎噔噔，就像动听的音乐，常常回响在我的脑海里，成为我心中永远抹不去的记忆。

那清水沿水渠夹着波浪涌动，湍急的流动推动了水轮带动了石磨，磨房里面粉的芳香飘出了磨房而沁人心脾。石磨前妇女们俯水淘粮，洗菜，洗衣；那水的汇合处陡然又形成一凹浅潭，磨房的外面是从“大磷”流出的一股清泉，溅起的浪花，伴着洗衣裳女人们笑声、话语声一起向远方流去。蜻蜓和蜜蜂紧盯着晒满石头坡的花衣裳，这引得小花猫伸着爪子，想一试身手。而小孩子们则在小河里上嬉水、打仗……

这，就是家乡的石磨！

溪源村的油房

霍占春

每当与人们聊起“地沟油”的时候，就不由地想起我的家乡溪源村的油坊。它是溪源村几代人记忆中的一个强音符！它的消失，不是在兵荒马乱时期，也不是在“文革”年代，而是在农村改革初期。关掉油坊弄丢了一段史实，一个中国农耕文化历史的活标本，是一批不可再生的文物。我作为溪源村人，有义务、有责任把这种记忆整理出来，让历史记住它。

那是生产资料公有制的年代。溪源村的油坊和石磨是作为共生品相存在的，其前身作为私有财产且已经存在了几百年。从前，全村共有四处，分别为：四堰河、东沟、石片、西崖底。在搞大集体前就已有三处油房被拆了，保留下来的仅有三处磨房和东沟一处油房。榨油原料是“后山”天然的油菜籽。经过石磨的初加工，按现在标准油坊操作规程，不加任何添加剂，榨出来的油为标准的“绿色食品”。

首先，榨油前要把菜籽筛、簸，尔后，放到一个直径大约1.2米扁平锅里炒。待炒熟的菜籽散发出扑鼻的香气后，然后再用石磨加工。磨出来的料子就叫“膈”（读音），然后掺一定量的水，将“膈”和成堆，施水多少是个技术活，需要有经验的人来做。下一道工序，就是榨油。

榨油的整个过程，是充分利用了杠杆原理，支点为要压榨的油“膈”，动力臂上是悬垂作用力。作业厂房低地面2米左右，这样就可以起到保温作用。照明是墙上挂麻油灯，由于油灯的光亮不足以照亮所有工作面，在昏暗的油灯下只能看见人的轮廓，而看不清人的脸庞。所以，一切工作全凭熟炼和感觉。用于互相协作的呼叫只是两个单词：咳—哈。两边分别是两个地沟，在沟内分别停放两个油梁为杠杆的动力臂——就是两根一人高的粗榆木木头。按照当时的生产力水平和村子所处的地理环境，从外面购木料，由于运输困难，是根本做不到的，只有就地取材。试想：其榆树直径起码要在2.5至3米之间，这证明了溪源村过去曾经是青山碧水，大树参天，植被率是很高的。

在油梁的中间也就是三分之二处凿透一个长方形的洞，洞的中间有一个扁的高达房顶的竖竿穿过。另一根硬杂木作成的杠杆套在了竖竿上。在向上穿的竿上有凿好的圆孔，实际就是一个卡住杠杆的机关。在竿的下面垂吊着两盘石磨。油梁的顶端卡在了两个粗大木柱中间，中间有槽（备楔子之用），另一端是拴在一个木轴上（滑车）。两架梁都一样的构造，左面的为大垛，右边称小垛。大垛压榨的是初原油，小垛加工的二道工序。经过两道工序后剩下的渣被称之为“麻糁”，用作牲畜的添加饲料或者肥料。

我小时候在父亲的带领下亲眼目睹了榨油的全过程：

在油窑里上班的第一项工作是将磨房里成堆的“膈”肩挑到灶台。由掌勾（油坊主管）施量加水，这个是有讲究的。根据经验和气候及菜籽的湿度等，然后放到锅里蒸。蒸好后把草辫子排在箩内码好。打好包上垛。一般垛好4个即可。

压榨：一人先松开前面的滑车轮子，将油梁抻起。一人上“猴竿”（安全竿）使劲向下蹬杠杆，前面一个人在杠杆圆孔做上下动作，使得杠杆前的圆孔随着下滑能及时卡住，吊起两快磨盘，使油梁下压，在另一头一人不失时机往槽内打楔子。这样使得整个梁在杠杆的作用下对圪包进行积压。在昏暗的油灯下，人们几乎是在摸黑劳作，全凭自己的熟练的动作完成整个工序，四个人各负其责。这边两个木棒喀喀……一声咳——喊声震耳欲聋。上“猴竿”的人接着喊：嗨——，一个筋斗突然冲到房顶。马上唉——又使紧抱住“猴竿”使劲向下蹬。这边头起往槽里放楔子的人一声——好！相互配合得天衣无缝。

那个年代没有标准的工作服，用灰白洋布找村里业余裁缝直接缝制的大裆裤用布裤带一勒就成。同张艺谋执导的电影《红高粱》的情景很相像。上垛时间为夜间的十点至十一点之间。这个时候，人们早已进入了梦乡。寂静的黑夜被沉闷的吆喝声打破！不大的村子里传得很远很远，习惯了的人们自然知道此刻是什么时间。然后重新进入寂静，这时只有储油的地缸发出清脆的流油声。四个人这时开始换衣服、灭灯、洗漱，整个工作过程结束。

当人们逢年过节的时候，拿出自己的麻油炸各种面食品，那扑鼻的油香就弥漫着整个小山村。不论在山上，还是田野，人们闻着这香气，沉浸在无以名状的幸福之中。

为了写此稿，我站在油坊遗址追寻过去的影子，可眼前一点迹象都不复存在了，“古寺拆为修寨木，荒坟开作甃城砖”，只有潺潺的溪水从斜坡流下，触石溅起了层层玉珠后泠泠地淌在透明的冰封里，在冰层下面形成了一圈一圈的涟漪，诉说着一种无奈……

我的家乡溪源村

霍占春

我的家乡溪源村，在涿鹿县城西十五公里桑干河南的一个山坳里。这里，常年溪水潺潺，一茬茬野花开放，植被茂密，而且十分幽静。大自然的鬼斧神工，使这里的山水穷尽了世间的妙趣：山梁呈九龙戏珠之景齐齐地聚向了溪源村这个中心，溪源村以及村子中央的山包，正好就是一颗璀璨的明珠。由村中心而西望，是涿鹿八大奇景之一的笔架山。每当日落之际，一轮红日映红了满天的彩霞，笔架在红霞万朵的映衬之下，就格外的好看，人称此景曰“笔架彩霞”。回首东看，是刀削斧劈般的龙门山峡，这两个峭壁对峙如门，高高耸立，一条溪水从龙门峡里边另一道山峡上跌落下来，形成了三道水帘挂在了光滑的山崖上，这就是涿鹿八大奇景中的又一景：“龙门叠翠”。在瀑布下面，就是龙潭沟碧波荡漾的龙潭湖了。这个龙潭四周的岸边，有桃、杏、杨、柳、槐、核桃、香椿等各种树木，自然，这里也就有着各种能唱歌的小鸟，能起舞的蝴蝶……龙潭里的水中时不时跳出水面溅水泡的鲤鱼，水多得存不住了，便又挤出龙门峡，流过村庄、菜地和苇田。“龙门三叠”奇景之东，是上古虞舜帝曾经耕耘过的历山田土480多亩，人们以地亩数约略而称其谓“四顷地”。

说起这历山顶上的四顷地，那真是走遍全国也找不着的更为奇特之景了。此处，东南西北四周，齐刷刷地围着酷似城墙般的山岗，而山岗围拢的中间，则是有着深厚黄土的480多亩耕地，平展展的，成为高山顶上岗阜围合起来的小平原。清康熙八年的《保安州志·舆地》这样说：“四顷梁山，在州（城）西三十里，周围石骨嶙峋，山顶有土田四百亩，登之，四垣齐密，隐如城郭，不知为万仞山巅。”而地质学家们则称它为“山顶洼蚀盆地”。就是在这个“山顶洼蚀盆地”里，到处都能拾到龙山文化时期的典型黑陶陶片。它无言地证明，“舜耕于历山，历山人让畔”，其历史实而不虚。至于那姚家沟和历山圣母庙，则同样地讲述着虞舜帝的忠孝故事。

在龙门峡东北，是始建于金大定三年的龙王庙，其坐落在一个岗阜之上，与戏楼高低错落，参差有致，古柏参天，是溪源村一道靓丽的风景。再东北，则是神秘的蜘蛛寺，现在，虽只剩下遗址。但因这遗址又是一个岗阜，与虎头山对峙成峡，大秦铁路上的火车在此一忽儿从山洞中呜的一声冒出来，紧接着就又钻进了另一个山洞，既不见头，又不见尾……

而在龙门峡西面，溪源村中心的山上，则是涿鹿县著名的魁星楼，那魁星手中提笔，单翘着一条腿，面对高耸的笔架山，似在思索：今年的头名状元该点谁？再往西南，顺着爬坡之路前行，便是高高的寨山了。研究历史的曲辰先生，在那上面拾到了龙山文化时期典型的“蛋壳陶”与仰韶文化时期的夹砂粗红陶，这说明了溪源村，原本就是中华文明史上的一个不可忽缺的组成部分。

我的家乡溪源村，自古以来，谁到过这里，谁都由衷地赞叹她的美。是的，她的美就美在这一股涓涓的长流溪水。她是溪源村的灵魂，是溪源村的气质。她一年四季汩汩地流着，滋润着这一方的土地，使桃花红、李花白、油菜花儿黄，香椿香得享誉长城内外……

人说我的家乡溪源村美，美就美在了这溪之源头的长流水。过去，在那久远的历史上，它推动了六七座磨房里的水打磨，轰隆隆地榨油、磨面，滋润着村边那一到夏天就起伏着绿浪的苇田，使得家乡比起周边各个村子，日子都过得美好、惬意、舒展。而现在，这水又在经营着闪光的不同景点，装点着家乡的山坡、菜畦、梯田，为新的文化旅游，做出无私奉献！

唯因这里是溪水之源，走进这里，俨然像走进了一个世外桃园。鸟语花香、幽雅静谧的山村，会使人顿觉超凡脱俗，飘飘欲仙。一切荣辱皆以忘怀，一切忧烦尽丢在那脑后边……这，就是我的家乡溪源村！

家乡的古道

霍占春

在涿鹿西南部山区山隙之间，存在一条不为人知的古道，这条古道于山野间存在了至少有二千年，甚至更多年。在有的路段上，雨水冲刷处和紧要的陡坡间，大多扎有大快石头或石条，用来防止长期雨水侵蚀和驴马蹄子踩踏。但是到了现代，却影响了汽车的行驶及自行车的骑行，这就是古道。

站在溪源村遥望村南的时候，就会发现在莽莽苍苍的荒塬上，似裁似剪地存在着一个豁口，豁口下面却是一条崎崎岖岖的道路遗迹，这是被人遗弃并忘记的通往外界的唯一土路，它尘封了一段历史的记忆。

相传汉武帝时，为了抗击匈奴，强化戍边力量，为了各个诸侯国的联系，在今保岱设潘县，在溪源村与护路湾村之间“岭头”挖开山梁，修建栈道，连接古上谷郡与代国等地，并在沿路建筑了一座座烽火台。现在，古烽火台的残垣还躺在原地，诉说着自己对历史的见证。古时候的桑干河为沼泽地区，洪水经常泛滥。由此，连接桑干河南北唯一的通道，就是溪源山梁上的这条古路槽：它南接蔚县（古代国），西至宣化（下落县属地），沟通这一带的商贾贸易。

历史总是要以它各种各样的形式留下一些印记，交通史也是如此。当你站在高山之巅，就会隐隐约约地看到一条现在已废弃了的古代被人踩出的道路痕迹。这条道路弯弯曲曲盘转在山峦，镶嵌在山巅与溪涧，战马铁蹄、贫民鞋底都曾在这里踏过，马帮、驴帮、驼队的响铃似乎响在我们的耳际。我必须告诉你，这就是历史上的一条官道，相当于今天的“国道”。

古代人们之间贸易形式大多为以物易物。运出的是煤炭、陶缸、麻油等土特产品，运回的是油菜籽、莜面、莜麦、荞麦、山药蛋。古代的桑干河像一个悬壶，水流湍急，到了雨季更如一匹奔腾的野马，狂奔不羁，这就阻隔了两岸人们的往来。所以，从宣化至蔚县之间的官员、商贾来往，溪源岭成为了必经的道路，也最是险峻崎岖。

夏秋两季，上葫芦村与武家沟村之间有个“孤山”立于河中央，便于架桥或拽起一条索道。两边货物和人的通行，交易和交换必须在两边进行。从武家沟村后可直走槐树沟村至柏林寺古道一直到达宣化县。

待到冬季封河之后，就更是商贾云集比较繁忙的一个旺季。人们都积极准备过冬用的煤炭。所以小驮倒、大驮搬，熙熙攘攘，就是那个时侯的“画面”。还有到溪源村购麻油、磨面，大大小小的车马大店应运而生，并催生了豆腐坊、铁匠钉掌和驴帮等相关产业，加上溪源及上葫芦的苇席销售，这些都是溪源岭这条古道路形成的因素。

那么，这马帮、驴帮、驼队，为什么需要在溪源村歇住呢？原因很简单。从武家沟村煤窑购好煤走到溪源村，必须做好爬溪源岭的准备，人要吃饭，牲畜需要进食，很多辎重还必须重新煞驮，整理鞍鞯，防止在过岭的半道上出现问题。溪源村自然成了落脚休息的地方。

悠悠古道，荒草暮烟，在这宁静与偏远的山峦中隐现着荒古的天险。一边为悬崖看上去阴森森，另一边是几十米高的深沟，朝下瞅，那可是万丈的深渊。因为道路难以拓宽，紧要的险处，还得用树木架在空处，再用石板、泥土铺垫，才能使行人、马帮、驴队度过这险难的路段。紧险处，是仅容一个牲口驮着货小心翼翼地走过。时常一个闪失，牲口货驮就会掉进深渊！当年，一队赶牲口人，一个一个地往前挪，不足三里路，就要半天的时间。翻过这一道岭人和牲口皆汗流浃背。在“回家”的路上数溪源岭处最险。为了显示“官道”，在上岭的缓冲处设亭以备歇脚。至今一些避雨设施还存在。

今天我们站在岭头凝望，溪源岭无疑是关隘要地。冷兵器时代，这里则可一夫当关，万夫莫开。在溪源岭的南面有个村子就叫护路湾，此名不用多解释。该村至今还保存着完整的汉时的地道。村子就住在一个阳坡湾里，向东至窑子头，西至岔道。往南经孙家沟、张家河村至塔沟村，越过山梁就到达大堡，到达了蔚县。

看着家乡这条历经了不同时代的古道，我们仿佛又看到了铁马金戈，旌旗蔽日，成千上万人马在这里人嘶马叫；隐约看见了北魏拓跋军队里的勾镰。那一队队人马喘着粗气扶着旅伴，一步一点头，艰难地登攀。

瞧着这古道模糊痕迹，思索着历史的烽烟。我心中止不住地感叹：溪源岭啊，岭道难；此难难于上青天！今天，山道旁的公路使它归于宁静。但要是翻开历史，它就如同一坛老酒，味浓，淳厚，深远。

故乡的小溪

霍占春

历山脚下六十泉，
细流汇成水一湾。
天上彩云落湖底，
鱼儿游在云朵间。
上古曾见舜耕牛，
亦见唐尧暗访贤。
忠孝佳话非虚有，
尧天舜日史实传。
见过北魏祭祖帝，
亦见世民平暴乱。
行贿鄙视石敬瑭，
中华祭祖兹断弦！
昔日曾推水打磨，
跃进年代亦发电。

历山秬黍酿黄酒，
用水来自溪之源。
潺潺千年三叠翠，
浇满苇田济桑干。
今日溪源搞旅游，
溪水天天拍照片！
据说为了造美景，
溪水还要上高山……

溪源美景

霍汉书[(1)]

溪源美景如画卷，
春满田园水满溪。
堤上垂柳绿先浓，
河套新苇翠欲滴。
忽见奇峡耸入云，
峭岩嵯峨互作揖。
鬼斧劈得龙门开，
神工削后崖壁齐。
抬头峡口双峰秀，
放眼龙门三叠翠。
深谷蜂蝶舞婆娑，
幽峡草木碧参差。

秀美山水接南北，
淳朴文风贯东西。
魁星楼上点状元，
笔架山头彩霞飞。
水库赏月月作画，
龙潭观瀑瀑成诗。
溯水宛转寻溪源，
满目景色不思归。

注释：

（1）霍汉书，男，1952 年生人，原籍涿鹿县溪源村，曾任张家口光大裘皮有限公司副总经理，现任北京高乐公司经理。此诗是作者 1969 年回村劳动时写的。

美景摄影

笔架彩霞　霍汉清　摄

虞舜帝耕耘过的历山农田　曲辰　摄

溪源村龙王庙（市级文物保护单位）霍汉清　摄

龙王庙内柏树　霍汉清　摄

溪源魁星楼　霍汉清　摄

龙门峡　霍汉清　摄

溪之源　霍汉清　摄

曲径通幽　霍汉清　摄

溪源村景　霍汉清　摄

九龙湖一角　霍汉清　摄